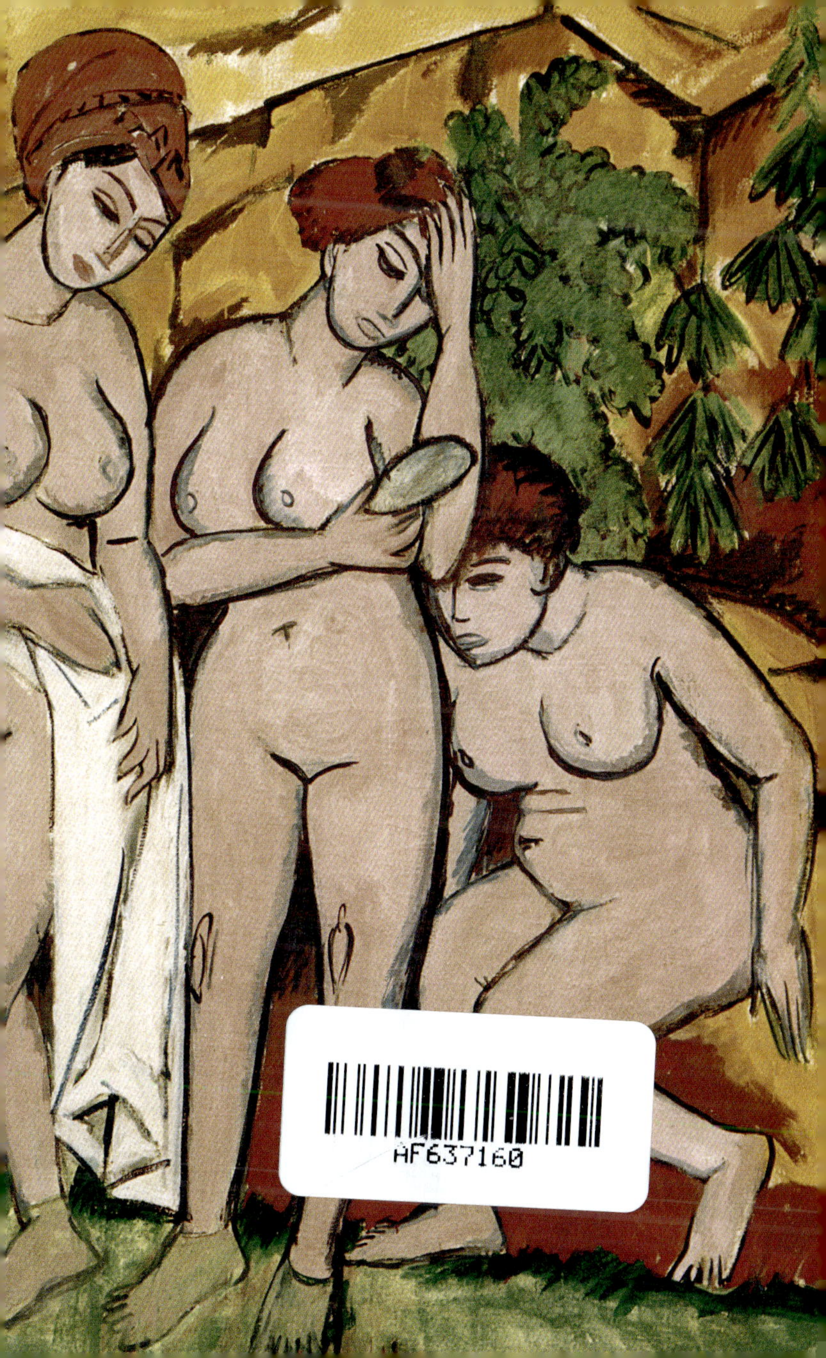

WIENAND[S] KLEINE REIHE
DER KÜNSTLERBIOGRAFIEN

ALEXEJ JAWLENSKY

ERNST LUDWIG KIRCHNER

GUSTAV KLIMT

KÄTHE KOLLWITZ

WILHELM LEHMBRUCK

MAX LIEBERMANN

AUGUST MACKE

PAULA MODERSOHN-BECKER

GABRIELE MÜNTER

EGON SCHIELE

MAX SLEVOGT

Doris Hansmann

ERNST LUDWIG KIRCHNER

Wienand

Inhalt

EXKURSE

Die Malerei ist eine heissblütige Geliebte, mit tausend Schmerzen umwerbe ich sie, aber sie giebt auch Stunden wie ein süsses geliebtes Weib in heller Sommernacht, die süsse vollkommene Einheit [...] Das ist allein Lohn der Schmerzen.

Ernst Ludwig Kirchner,
Skizzenbucheintrag, 1919

Eine zerrissene Persönlichkeit

„Kirchner war außerordentlich temperamentvoll, und man kann ruhig sagen, er war wirklich genial in allen Dingen. Ob er Bumerang warf oder Ateliergegenstände schnitzte, Bilder malte oder zeichnete, er war ununterbrochen in einer außerordentlichen Erregung, die er nur dadurch bewältigen konnte, daß er stets intensiv arbeitete. [...] Von morgens früh bis spät in die Nacht. [...]" So erinnert sich der einstige „Brücke"-Freund Erich Heckel an den Kollegen.

Ernst Ludwig Kirchner war in der Tat ein Besessener. Alles unterstellte er seinem künstlerischen Werk, arbeitete unermüdlich, selbst in Zeiten größter psychischer Krisen oder starker körperlicher Beeinträchtigung. „Ich muss zeichnen bis zur

Selbstporträt in der Atelierwohnung Berlin-Friedenau, 1913/15

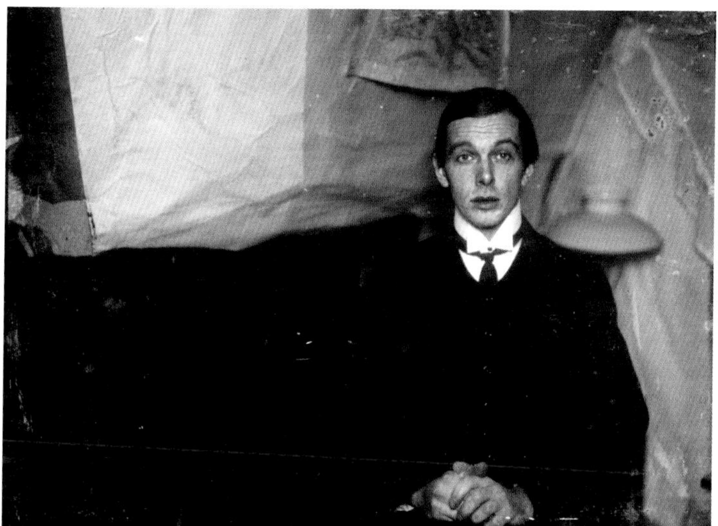

Raserei, nur zeichnen. [...] Nur arbeiten, arbeiten und sonst nichts denken“, sagte er von sich selbst. Das Ergebnis ist beachtlich: Seine überbordende Hinterlassenschaft umfasst rund 12 000 Skizzenbuchblätter und 10 000 Zeichnungen, Aquarelle und Pastelle, über 2100 Druckgrafiken und weit mehr als 1000 Gemälde, darüber hinaus Textilkunst, geschnitzte Möbel und Kunsthandwerk, Skulpturen und Plastiken, Bühnenbilder und Fotografien. Ein einzigartiges Werk von bestechender Ausdruckskraft, das zum Besten zählt, was der deutsche Expressionismus hervorgebracht hat – von den frühen Akten in Atelier und Natur über die pulsierend-nervösen Berliner Straßenszenen bis zu den Davoser Bergmotiven und den abstrahierenden, dekorativen Tendenzen des Spätwerks.

Von Anfang an arbeitete Kirchner konsequent an der eigenen Karriere und gehörte schon zu Lebzeiten zu den bekanntesten deutschen Künstlern. Über das europäische Kunstgeschehen war er stets bestens informiert und pflegte zahlreiche Kontakte zu Kollegen, Museumsleuten, Kunsthändlern, Sammlern und Förderern. Seine umfangreiche Korrespondenz, die Tagebucheintragungen ab 1919, autobiografische Schriften und Texte über die eigene Kunst sind von dem Wunsch getragen, sein Œuvre ins rechte Licht zu rücken. Zu diesem Zweck überarbeitete der Künstler seine Werke, datierte sie vor, zensierte Veröffentlichungen und verweigerte Reproduktionsgenehmigungen, bis er schließlich ab 1920 unter dem Pseudonym Louis de Marsalle in zahlreichen Aufsätzen sein eigenes Werk kommentierte.

Der Versuch, den Menschen hinter dem Werk zu erfassen, öffnet den Blick auf eine gebildete und intellektuelle, gleich-

Selbstbildnis mit Mädchen, Doppelbildnis mit Erna, 1914/15, Öl auf Leinwand, 60 × 49 cm

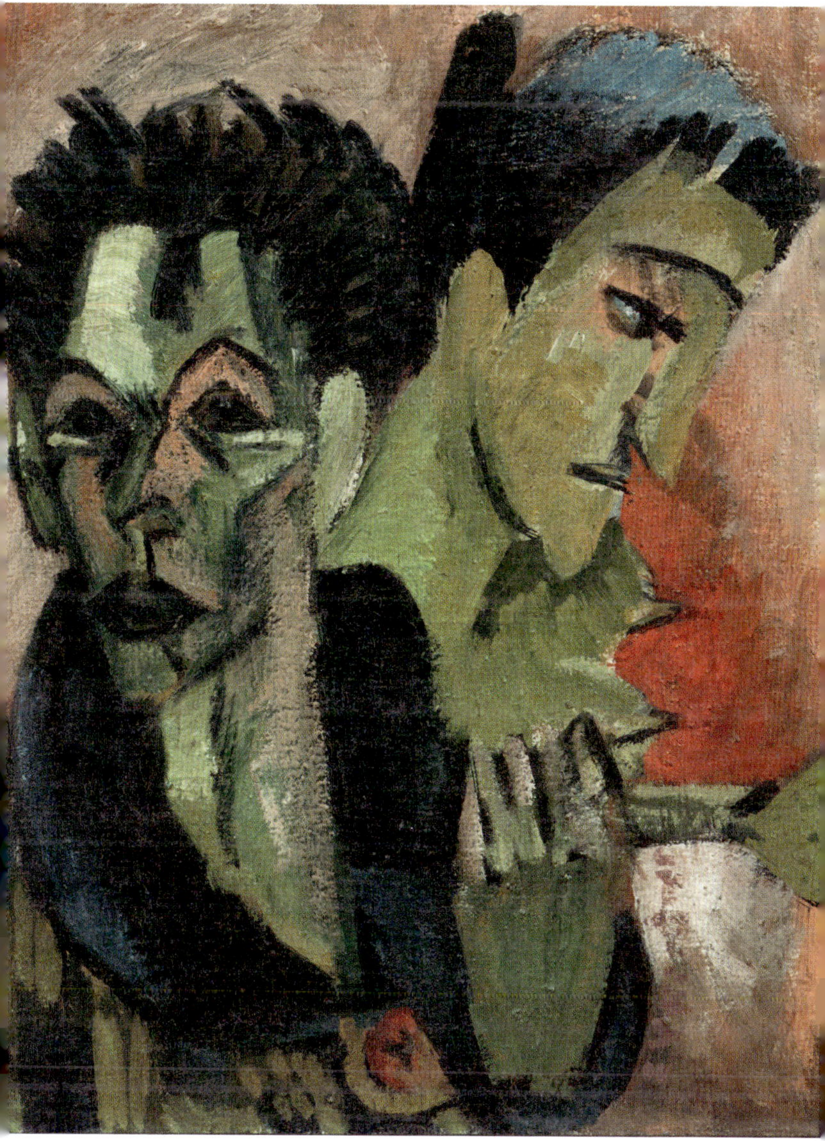

zeitig aber übersensible und ambivalente Persönlichkeit narzisstischer Prägung, die zeitlebens auf einem schmalen Grat zwischen manischer Erregtheit und tiefer Depression wandelte: in der Jugend leidenschaftlich, erotomanisch und promiskuitiv, unter dem Zeichen einer tiefgreifenden Krise im Ersten Weltkrieg am Rande des psychischen Abgrunds, alkohol- und medikamentenabhängig, von fieberhafter Nervosität und selbstzerstörerischem Verhalten getrieben, im Umgang mit anderen oft rücksichtslos, nachtragend und von mangelnder Empathie. Kirchners Lebensweg führt uns von der Geburtsstadt Aschaffenburg über Stationen in der Schweiz und in Chemnitz zu den Studien- und Wirkungsorten Dresden und München, von dort nach Berlin und schließlich in die Schweizer Alpen nach Davos. Hier setzte der labile, von Angst zermürbte Künstler am 15. Juni 1938 seinem krisengeschüttelten Leben mit der Waffe ein Ende.

Heute sind die Werke Ernst Ludwig Kirchners in zahlreichen internationalen Sammlungen rund um den Globus vertreten, sein Œuvre gilt als Meilenstein der Klassischen Moderne, er selbst als der bedeutendste Vertreter des deutschen Expressionismus.

Kindheit, Jugend und Studium

In der Rückschau liest sich mancher Lebensweg, manche künstlerische Laufbahn wie vorgezeichnet und die kindliche Kreativität als Indiz einer späteren Bestimmung. So auch – nicht ganz ohne Zutun des Künstlers – der Werdegang von Ernst Ludwig Kirchner. Ab dem dritten Lebensjahr habe er unermüdlich gezeichnet, gemalt und modelliert, lässt uns der Maler wissen. „Als Junge“, erinnert er sich 1916, „sass ich immer am Fenster und zeichnete was ich sah. Frauen mit Kinderwagen, Bäume, Eisenbahnzüge etc etc. Später kamen wir nach Frankfurt und der grosse, damals im Bau begriffene Bahnhof, Tiere und Menschen auf der Strasse und im Zoo kamen hinzu. Dann die ersten Kunsteindrücke im Frankfurter Museum, die Bilder der Schule Grünewalds. Alte Plastiken und die fremden Völker im Zoo. Von Frankfurt ging es nach der Schweiz mit den grossen Bergen und Kühen und Sennen und steinigen Wegen. Von dort nach Chemnitz, da setzte die künstlerische Entwicklung aus. Sie begann erst wieder in den letzten Jahren vor dem Abitur, wo ich den Entschluss fasste Maler zu werden.“

[…] alle meinten, ich müsse einmal ein Maler werden […].

Ernst Ludwig Kirchner, *Anfänge und Ziel*, 1935

Geboren in den frühen Morgenstunden des 6. Mai 1880, verbringt der kleine Ernst Ludwig seine ersten sechs Lebensjahre im beschaulichen Aschaffenburg und wächst in gutbürgerliche Verhältnisse hinein. Sein Vater, auf dessen Vornamen der erste von drei Söhnen getauft wird, ist Chemieingenieur in der Papierindustrie – eine Tätigkeit, welche der Familie schon bald häufige Ortswechsel aufbürdet: 1886 zieht sie nach Frankfurt am Main und schon im darauffolgenden Jahr ins schweizerische Perlen bei Luzern, wo Ernst Kirchner den Posten des zweiten Direktors der dortigen Papierfabrik bekleidet. Schon 1890 geht es weiter nach Chemnitz, als der Vater einem Ruf als erster Professor für Papierwissenschaften an der dortigen Technischen Lehranstalt und Gewerbeakademie folgt.

Aus dem beschaulichen Idyll der Schweizer Bergwelt in die größte Industriestadt Sachsens katapultiert – eine Zerreißprobe, die den sensiblen, leicht ängstlichen Jungen schwer belastet. Eindrücke, welche seine kreative Energie anregen könnten, gibt es hier kaum, und so kommt Ernst Ludwigs künstlerische Neigung zunächst fast vollständig zum Erliegen. Sie flammt erst wieder auf, als ein einfühlsamer Kunstlehrer in den letzten Klassen am Chemnitzer Realgymnasium mit einer planmäßigen Ausbildung im Zeichnen das Interesse des Jungen erneut zu wecken versteht. Im Freihandzeichnen mit „vorzüglich“ benotet, erhält der Primaner sogar einen Preis des Chemnitzer Kunstvereins als einer der besten Schüler im Kunstunterricht. In dieser Zeit setzt sich der Wunsch fest, Maler zu werden. Doch erst einmal wendet sich das Blatt in eine andere Richtung.

In der Jugend herrschte der Traum vor, als Knabe nachts oft Gesichte [zu sehen], ich schrie auf, musste auf Stunden ans Licht gebracht werden.

Ernst Ludwig Kirchner an Eberhard Grisebach, den Geschäftsführer des Jenaer Kunstvereins, 28. Januar 1918

EIN „VORGESCHOBENES ARCHITEKTURSTUDIUM“

„Architekturstudium auf Wunsch der Eltern“, heißt es kurz und bündig im Manuskript *Die Arbeit E. L. Kirchners,* das der Künstler um 1925/26 verfasst. Offenbar nachdrücklich hat der Vater, der das Talent des Heranwachsenden zunächst durch systematischen Zeichenunterricht gefördert hatte, darauf bestanden, dass der älteste Sohn einen „ordentlichen“ Beruf erlernt, der den zukünftigen Broterwerb sichern kann: „Er wollte um keinen Preis, dass ich Maler werden sollte und malte mir das Künstlerleben in den düstersten Farben.“ Ernst Ludwig, auf die finanzielle Unterstützung von zu Hause angewiesen, beugt sich dem Drängen der Eltern und immatrikuliert sich zum Sommersemester 1901 an der Königlich Sächsischen Techni-

Entwurf eines Raucherzimmers, Tuschfederzeichnung über Bleistift, laviert, Aquarell- und Sprühtechnik, 38,1 × 68 cm

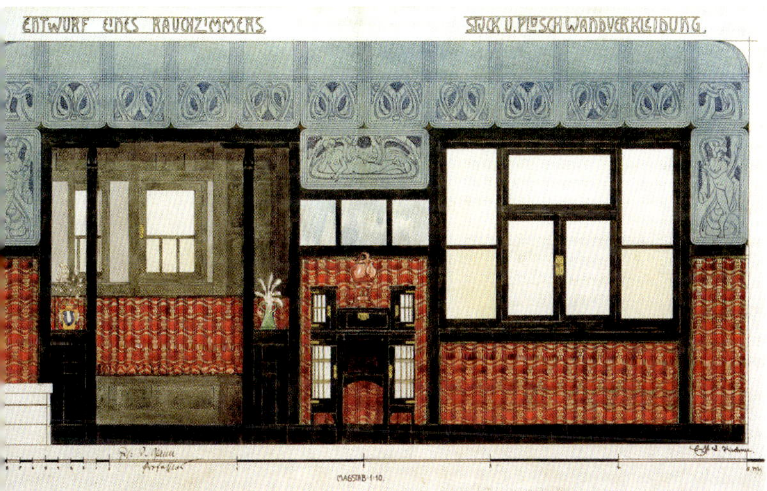

Mein Vater wollte selbst einmal ein Maler werden, hatte aber bei seinem Lehrer, der mit zwei Töchtern in Berlin verkam, die Gefahren dieses Berufes kennen gelernt […].

Ernst Ludwig Kirchner, *Anfänge und Ziel*, 1935

schen Hochschule in Dresden. Aber sein Herz schlägt weiterhin für die Kunst, jede freie Minute gehört der Malerei, und sein Wohnraum, so Fritz Bleyl, Kirchners Kommilitone und Freund der ersten Stunde, ist der „[…] eines ausgesprochenen Bohemiens, voll von überall bunt herumliegenden Bildern, Zeichnungen, Büchern, Mal- und Zeichengerät, weit mehr eines Malers romantische Behausung als das Heim eines ordnenden Architekturstudenten." Auch die Wahl seiner Studienkurse – darunter „Bildhauerei des 19. Jahrhunderts", „Die Dresdener Museen und ihre Kunstschätze", „Figurenzeichnen nach dem lebenden Modell" oder „Freihand- und Ornamentzeichnen" – spricht eine deutliche Sprache.

EIN SEMESTER IN MÜNCHEN

Nach bestandenem Vordiplom geht es im Winter 1903/04 erst einmal für ein Semester nach München an die Königlich Technische Hochschule. Begierig saugt der junge Mann in der vibrierenden Atmosphäre der bayerischen Kunstmetropole alle sich bietenden künstlerischen Impulse auf, erlebt Dürer und Rembrandt ebenso wie Max Klinger, die französischen **Neoimpressionisten*** und Vincent van Gogh, lässt sich vom Jugendstil inspirieren.

Wegweisend, obgleich nur eine kurze Episode in Kirchners Werdegang und in ihrer Bedeutung vom Künstler nachträglich heruntergespielt, wird der Besuch der Lehr- und Versuchs-Ateliers für angewandte und freie Kunst von Hermann Obrist und Wilhelm von Debschitz, einem der fortschrittlichen privaten Lehrinstitute der Zeit. Jenseits starrer akademischer Normen wird hier freies Aktzeichnen angeboten, werden die Schüler zum direkten Nachempfinden des Gesehenen und zur spontanen Niederschrift des Motivs angeregt. Das Zeichnen und Skizzieren nach der unmittelbaren Anschauung – auf gemeinsamen Spaziergängen in der Stadt und in der Natur – gehört zum Curriculum und wird Kirchner lebenslang begleiten. Er zeichnet immer und überall, auf Straßen und Plätzen, in Gasthäusern und Cafés, ständig auf der Suche nach dem „farbigen, sonnigen Leben draussen".

Im Holzschnittkurs bei Hugo Steiner-Prag entsteht zudem Kirchners erste grafische Arbeit *Appelfatzke*, die karikaturistische Darstellung eines eitlen Aufschneiders im Geiste der scharfzüngigen Münchener Satirezeitschrift *Simplicissimus*.

Zurück in Dresden schließt Kirchner am 1. Juli 1905 ordnungsgemäß sein Studium mit dem Entwurf zu einer Friedhofsanlage und der Note „gut" ab. Doch zu diesem Zeitpunkt ist der frischgebackene Diplomingenieur schon längst auf neuen Pfaden unterwegs ...

Die Künstlergruppe Brücke

Stichtag 7. Juni 1905 – das Gründungsdatum der Künstlergruppe Brücke wird als Geburtsstunde des deutschen Expressionismus in die Kunstgeschichtsschreibung der Moderne eingehen. Vier schwärmerische Architekturstudenten, allesamt ohne akademische Ausbildung, finden sich in Dresden als Künstlervereinigung zusammen: Ernst Ludwig Kirchner, sein Freund und Kommilitone Fritz Bleyl, Erich Heckel, der Bruder eines Schulkameraden – ein „komischer junger Mann", der eines Tages, „laut aus Zarathustra deklamierend ohne Kragen und Hut" Kirchners Treppe emporgestiegen war, und als Vierter im Bunde, Karl Schmidt aus Rottluff bei Chemnitz.

Die Freunde sind jung und voller Elan, wollen nicht nur die Kunst revolutionieren, sondern auch die Gesellschaft. Ihr ambitioniertes, von Friedrich Nietzsches Lebensphilosophie inspiriertes Programm ist eine offene Kampfansage an die bürgerlichen Konventionen des preußisch-wilhelminischen Kaiserreichs, ein Aufbegehren gegen die Generation der Väter und die verkrusteten Moralvorstellungen einer überkommenen, restriktiven Gesellschaftsordnung. Die Künstlergruppe Brücke glaubt an eine „neue Generation der Schaffenden wie der Genießenden", fühlt sich als „Jugend, die die Zukunft trägt" und lädt jeden ein, „der unmittelbar und unverfälscht das wiedergibt, was ihn zum Schaffen drängt".

Ein tüchtiges Sprüchlein ist das „Programm" der Vereinigung, ein bisschen allzuvoll im Ton, aber wacker und von dem kecken Selbstbewusstsein […].

Der Journalist und Schriftsteller Friedrich Ernst Köhler-Haußen über das Programm der Künstlergruppe Brücke

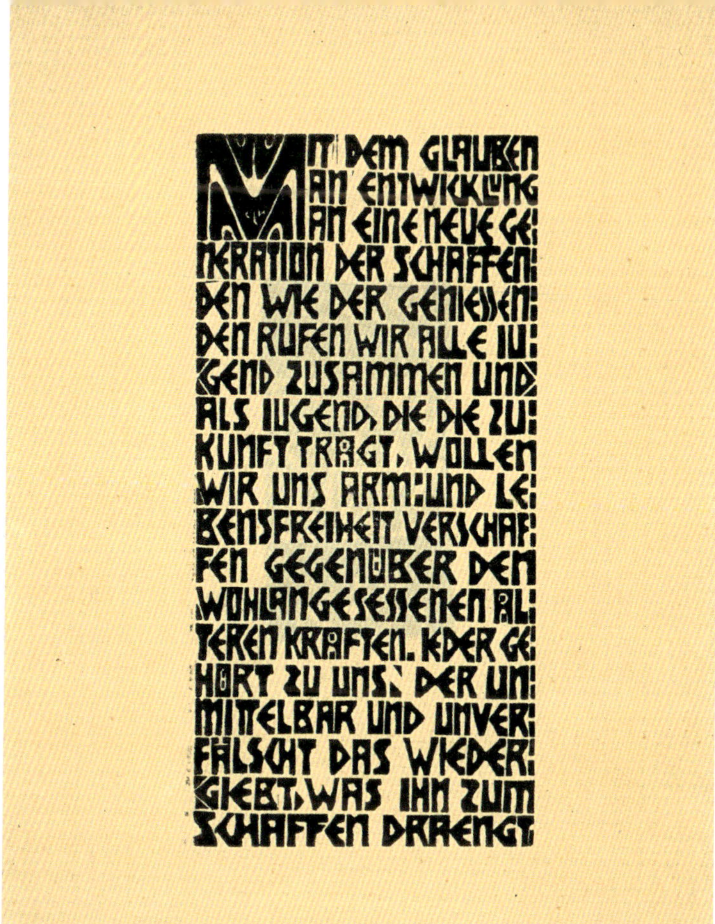

MIT DEM GLAUBEN
AN ENTWICKLUNG
AN EINE NEUE GE-
NERATION DER SCHAFFEN-
DEN WIE DER GENIESSEN-
DEN RUFEN WIR ALLE JU-
GEND ZUSAMMEN UND
ALS JUGEND, DIE DIE ZU-
KUNFT TRÄGT, WOLLEN
WIR UNS ARM- UND LE-
BENSFREIHEIT VERSCHAF-
FEN GEGENÜBER DEN
WOHLANGESESSENEN ÄL-
TEREN KRÄFTEN. JEDER GE-
HÖRT ZU UNS, DER UN-
MITTELBAR UND UNVER-
FÄLSCHT DAS WIEDER-
GIEBT, WAS IHN ZUM
SCHAFFEN DRÄNGT.

Programm der Künstlergruppe Brücke, 1906, Holzschnitt, 15,2 × 7,5 cm

Durch zahlende Passivmitglieder, oft einflussreiche und gut betuchte Personen des öffentlichen Lebens, soll die finanzielle Grundlage des künstlerischen Schaffens gesichert werden – eine bemerkenswerte Selbstvermarktungsstrategie. Weitere aktive Mitglieder stoßen im Laufe der nächsten Jahre zum

Kern der Gruppe hinzu, darunter Max Pechstein, für kurze Zeit Emil Nolde und Kees van Dongen, Cuno Amiet, Akseli Gallén-Kallela und Otto Müller. Erfolge stellen sich schon bald ein: Im November 1905 findet eine erste „Brücke"-Ausstellung in der Leipziger Kunsthalle P. H. Beyer & Sohn statt, 1906 folgt eine Ausstellung in der Lampenfabrik Karl Max Seifert in Dresden, 1907 im dortigen Kunstsalon Emil Richter. Die Künstlergruppe Brücke ist trotz mancher kritischer Stimme erfolgreich und begründet mit ihrem expressionistischen Ausdrucksstil den deutschen Beitrag zur Klassischen Moderne.

Doch zurück ins Gründungsjahr 1905, als sich die Freunde regelmäßig in einem leer stehenden Fleischerladen im sogenannten „Topflappenviertel", einem Arbeiterviertel in Dresden-Friedrichstadt treffen, um nach dem lebenden Modell zu arbeiten. Hier entstehen ihre ersten gemeinsamen Arbeiten.

„VIERTELSTUNDENAKTE"

Alles beginnt mit den „Viertelstundenakten", von Fritz Bleyl ausführlich in seinen Erinnerungen gewürdigt und beschrieben: „Der Wunsch, nach dem lebenden Modell zu zeichnen, wurde verwirklicht und sogleich durchgeführt, nicht in herkömmlicher akademischer Weise, sondern als ‚Viertelstundenakt'. [...] Mit wahrer Begeisterung wurde eine Stunde lang, wohl auch länger, gearbeitet, und manche gelungene Akt- und Bewegungszeichnung hingelegt, ja hingehauen [...]."

Was für ein Gegensatz zum Unterricht an den traditionellen Kunstakademien, wo das Modell bis zu zwei Stunden in seiner Pose ausharren muss. Doch vollzieht sich der Bruch mit dem herkömmlichen Aktzeichnen im Atelier der Künstlergruppe Brü-

Erich Heckel und Modell im Atelier, 1905, Öl auf Karton, 50 × 33,6 cm

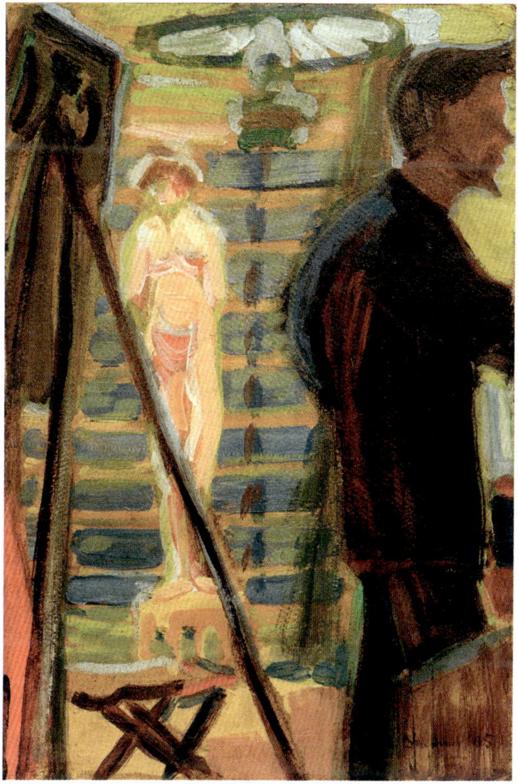

cke nicht voraussetzungslos, sondern ganz im Sinne der Unterrichtspraxis fortschrittlicher Kunstschulen, wie sie auch in der Münchener Schule von Debschitz und Obrist gepflegt wird. Kirchners Gemälde *Erich Heckel und Modell im Atelier* ist ein viel zitiertes Dokument jener Sitzungen: Vor den herabgelassenen Rollläden des Schaufensters steht das Modell im klassischen **Kontrapost*** auf einem Schemel, getaucht in das warme Licht einer Petroleumlampe. Heckel, erkennbar am charakteristischen Bart und fast vom Bildrand abgeschnitten, ist bei der Arbeit an der Staffelei, während von links eine weitere Staffelei ins Bild hineinragt.

Die „Viertelstundenakte" im Kontext der Zeit

Die Erneuerung der Aktdarstellung, wie sie sich im Atelier der Künstlergruppe Brücke und an den Moritzburger Teichen vollzog, ist eine der großen Errungenschaften des frühen 20. Jahrhunderts. Doch die Vitalisierung des Aktstudiums in den „Viertelstundenakten" der Jahre 1905 bis 1907 ist keineswegs eine genuine Idee der „Brücke"-Künstler. Tendenzen wie diese waren das Ergebnis einer zunehmenden Kritik gegenüber dem traditionellen Modellstudium und lagen um 1900 überall in der Luft. Das posierende Modell wurde als anachronistischer Ausdruck akademischer Arbeitsweise und Gegensatz zum alltäglichen Leben radikal abgelehnt, seine festgefrorene Stellung mit der Bewegungslosigkeit starrer Bildwerke gleichgesetzt.

Liegender Akt (Isabella), 1906/07, Schwarze Kreide auf Papier, 90 × 69 cm

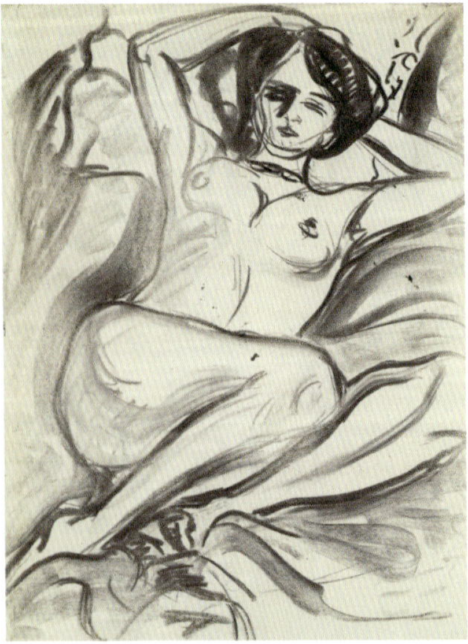

Erste Reformversuche unternahmen private Kunstschulen, indem sie ihre Posenzeiten auf 15 bis 20 Minuten reduzierten, darunter beispielsweise die französische Académie Julian, Wassily Kandinskys Phalanx-Schule oder die von Ernst Ludwig Kirchner besuchte Schule von Debschitz und Obrist, wo sich die Modelle frei im Atelier bewegten und Aktstudien im Freien betrieben wurden. Darüber hinaus angeregt durch einen Artikel

Auguste Rodin, **Sitzender weiblicher Akt, von vorn,** 1900, Aquarell über Grafit, 32,4 × 24,9 cm

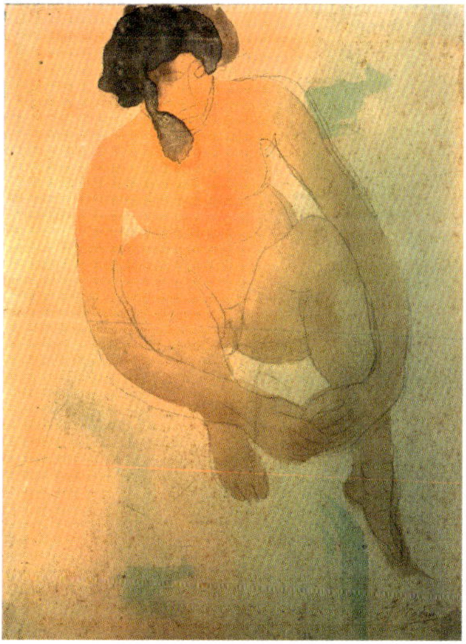

der englischen Zeitschrift *The Studio* fand diese neue Arbeitspraxis als „Viertelstundenakt“ Eingang ins Atelier der Künstlergruppe Brücke.

Noch konsequenter setzte Oskar Kokoschka die Verlebendigung der Aktzeichnung in seinen „Fünfminutenakten“ um, am radikalsten aber war Auguste Rodin bereits in den 1890er-Jahren vorgegangen, als er seine Modelle aufforderte, sich frei im Raum zu bewegen und sich ungeniert ihren Launen und Gefühlen hinzugeben. Die daraus hervorgegangenen, häufig erotisch motivierten „Einminutenzeichnungen“ beschrieb Rainer Maria Rilke als „seltsame[n] Dokumente des Momentanen“ und führte weiter aus: „Rodin vermutete, daß unscheinbare Bewegungen, die das Modell tut, wenn es sich unbeobachtet glaubt, rasch zusammengefaßt, eine Stärke des Ausdrucks enthalten könnten. [...] Bewegungszusammenhänge, die noch nie als Ganzes überschaut und erkannt worden waren, stellten sich dar, und sie enthielten alle Unmittelbarkeit, Wucht und Wärme eines geradezu animalischen Lebens.“ Kaum verwunderlich, dass die Präsentation von 14 dieser Zeichnungen in Weimar 1906 einen Skandal auslöste, der Harry Graf Keßlers Rücktritt als Leiter des Großherzoglichen Museums zur Folge hatte. Dass auch die Künstler der Künstlergruppe Brücke von dieser Skandalausstellung hörten, ist mehr als wahrscheinlich.

> **[…] eigentliche Modelle im akademischen Sinne habe ich nie gehabt […].**
>
> Ernst Ludwig Kirchner an den Archäologen und Kunsthistoriker Botho Graef, 21. September 1916

Autodidaktisch üben die Freunde sich an einer schnellen, spontanen Niederschrift des Gesehenen und dem einfühlsamen Erfassen ihres Gegenübers in einer Atmosphäre, die Kunst und Leben vereint. Stilistisch sind sie noch Suchende und kreisen um das, was der französische Impressionismus in Gang gesetzt hat. Die Beschäftigung mit der Kunst und den Farbtheorien der **Neoimpressionisten***, mit van Gogh und Gustav Klimt lässt Kirchner zunächst in einer **divisionistischen*** Technik mit Punkten, nebeneinandergesetzten Strichen und flirrend ineinander verschlungenen Linien experimentieren – „so bunt und fleckig“, schreibt der Kritiker Friedrich Ernst Köhler-Haußen, „wie ich selbst bei den kühnsten französischen Impressionisten nie welche gesehen habe.“

EIN SOMMER AUF FEHMARN

Auch die *Fehmarn-Häuser* gehören zu den durch van Gogh beeinflussten Arbeiten jener Jahre, dessen Werke Kircher im November 1905 in der Dresdener Galerie Arnold gesehen hat. Satt, pastos und mehrschichtig trägt der junge Maler die Farbe direkt aus der Tube auf und bearbeitet sie grob mit dem Spachtel. Er habe sein Malzeug nicht im Gepäck gehabt, gibt er später lapidar zu Protokoll.

Das Gemälde entsteht im Mai 1908, als Kirchner in Begleitung seiner Chemnitzer Jugendfreunde Hans und Emmy Frisch die Ostseeinsel besucht. Man reist an mit D-Zug, Dampfer und Kutsche und mietet sich in der kleinen Pension Villa Port Arthur

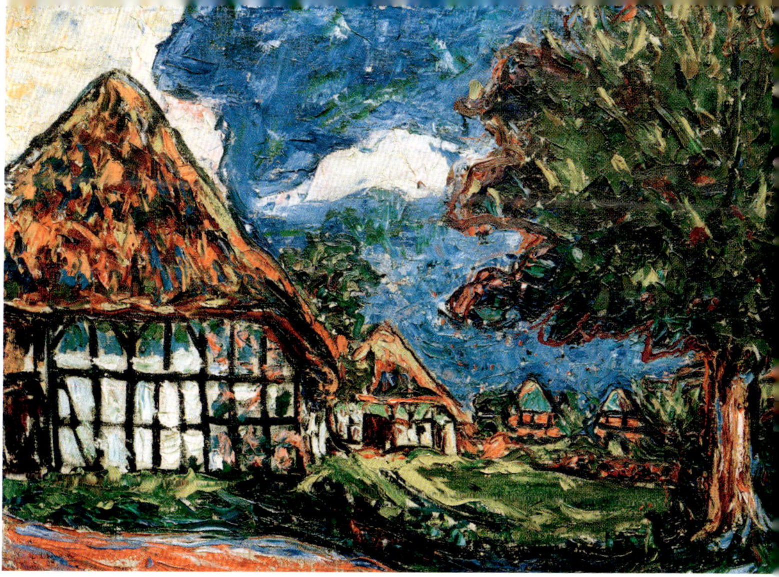

Fehmarn-Häuser, 1908, Öl auf Leinwand, 75 × 98 cm

in Burg, dem Hauptort der Insel, ein. Dann geht es hinaus in die Landschaft. Flüchtig hingeworfene Skizzen entstehen, Tuschfederzeichnungen, Lithografien und Ölgemälde, darunter Ansichten des Hafens, der Kirche von Burg, Windmühlen und Bauernhäuser, Meer, Strand und Wolken, ein Bildnis von Emmy mit Strohhut und hellem Kleid.

Wahrscheinlich ist die 24-jährige Emmy Frisch Kirchners erste Freundin und Geliebte – Aktzeichnungen und ein Liebesgedicht im Skizzenbuch legen dies nahe. Der Kontakt bricht aber schon bald nach der Reise ab, Indizien lassen vermuten, dass Frisch sich für Karl Schmidt-Rottluff entschieden hat, den sie 1918 heiratet. Eine Zurückweisung, die Ernst Ludwig Kirchner offenbar nie richtig überwindet. Unversöhnlichkeit und abfällige Äußerungen noch mehr als 20 Jahre später zeugen von einer starken narzisstischen Kränkung – ein Muster, das sich im Laufe der Jahre mehrfach wiederholen wird.

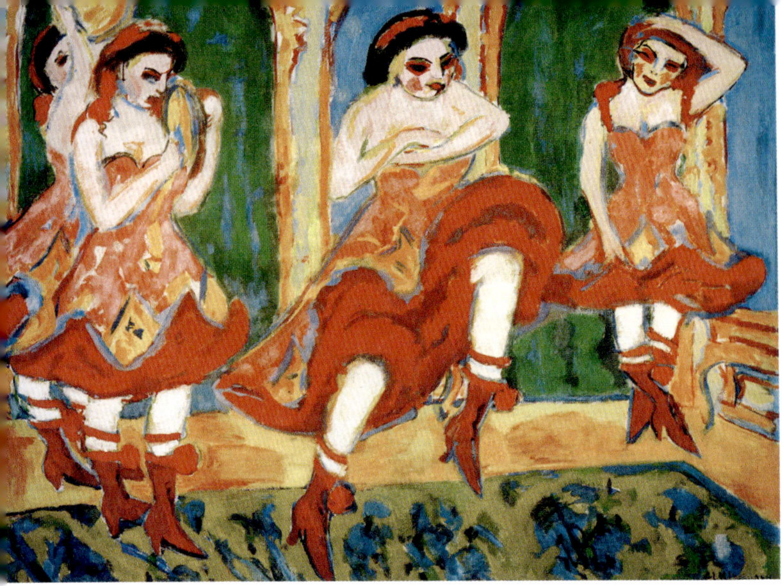

Czardastänzerinnen, 1909/20, Öl auf Leinwand, 151 × 99 cm

VARIETÉ, THEATER, ZIRKUS

Zurück in Dresden lässt der Künstler van Gogh und dessen Malweise endgültig hinter sich. Dem pastosen Farbauftrag folgt, initiiert durch eine erste Begegnung mit Originalen von Henri Matisse Anfang 1909 im Berliner Kunstsalon Paul Cassirer, die Arbeit mit verdünnten Farben direkt auf die ungrundierte Leinwand – ein Vorgehen, das eine schnelle, zügige Malweise und ein leichtes, spontanes Erfassen von Bewegung erlaubt. Damit einhergehend ändert sich auch Kirchners malerische Handschrift. Der unruhigen Zerlegung der Bildfläche in Tupfen und Farbflecken folgt eine großflächige Arbeitsweise mit locker gezogenen Konturen und fließenden Formen.

Der dazugehörige Motivkanon entstammt – wie so oft – Kirchners direktem Erleben. Dass dazu für den erklärten Antibourgeois auch das Dresdener Nachtleben gehört, verwundert kaum. In der schillernden Vergnügungswelt von Tingeltangel,

[...] ein Circus ist wieder da und in den Zoologischen kommen Samoaner, Neger etc. diesen Sommer!

Ernst Ludwig Kirchner an Erich Heckel, 31. März 1910

Varieté und Kabarett, Theater, Ballett und Zirkus findet er einen Themenkreis, der ihn zeitlebens begleiten wird.

Mit dem Skizzenbuch in der Hand verfolgt er die Aufführungen in den einschlägigen Etablissements und bannt die ekstatische Dynamik des Augenblicks, das Rauschhafte und bisweilen Frivole des Tanzes ebenso wie fantasievolle Bühnenbilder und farbenfrohe Kostüme auf Papier und Leinwand: stakkato artige Sequenzen emporgeworfener Beine, ausladend schwingende Röcke in wirbelnden Pirouetten, die darunter hervorblitzende Spitzenunterwäsche bei Csardastanz, Cakewalk und Cancan, dazu Darstellungen von Drahtseilakten, Akrobatik und der Hohen Schule der Dressur – das alles findet Eingang in Kirchners Werk und bildet einen schier unerschöpflichen Fundus für seine Motivwelt.

„WIR SIND EINE GROSSE FAMILY GEWORDEN"

Daneben entstehen einige Dresdener Straßenszenen, vorwiegend aber Akte im Atelier, das in jenen Jahren zum Lebens- und Schaffensmittelpunkt der „Brücke"-Künstler wird. Hier verkehren die Freundinnen und Lebensgefährtinnen, einige halbwüchsige Mädchen aus der Nachbarschaft und Modelle aus dem artistischen Milieu, darunter Sam und die beiden Tänzerinnen Milly und Nelly – drei schwarze Artisten aus dem Zirkus Schumann –, sowie die achtjährige Fränzi und die 14-jährige Marcella, die 1909 zur Künstlergruppe Brücke stoßen. Als nichtprofessionelle Modelle garantieren sie alle den Malern „Bewegungen ohne Atelierdressur" und Körperlichkeit jenseits der „blutleeren" akademischen Pose. In der geschützten Atmosphäre des Ateliers verschmelzen Arbeits- und Wohnraum, Kunst und Leben. Maler und Modelle bewegen sich frei und offenbar ungehemmt im entblößen Miteinander, sie stehen, sitzen, liegen oder hocken, tanzen, waschen sich, sind allein oder zu mehreren, ziehen sich an oder aus, sind ins Gespräch vertieft. Die Künstler erfassen das alles in „fieberhaftem Tempo" mit Bleistift und Kohle, Pastell und Kreide, Aquarell und Gouache, in Öl oder Tusche, als Lithografie oder Holzschnitt. „Tausende von Zeichnungen und Hunderte von Bildern und Studien entstanden dabei."

Während Marcella, das ältere der beiden Mädchen, an der Schwelle zum Frausein steht und sich bisweilen schamhaft mit verschränkten Armen und Beinen gibt, ist Fränzi noch ganz Kind und bewegt sich trotz ihrer Nacktheit vollkommen

Fränzi Fehrmann und ein Junge (Paul) in Kirchners Atelier in Dresden, 1910

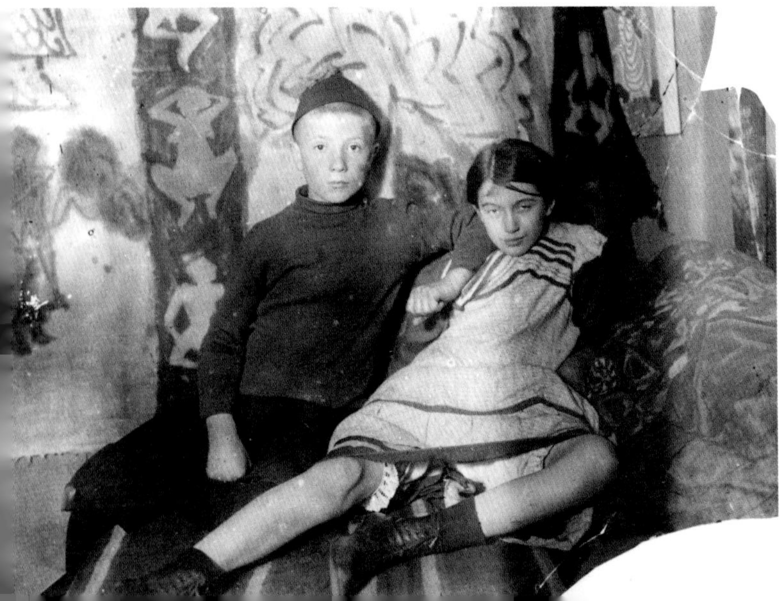

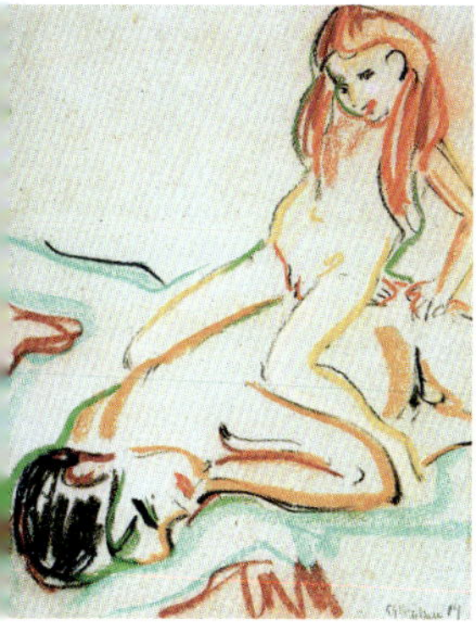

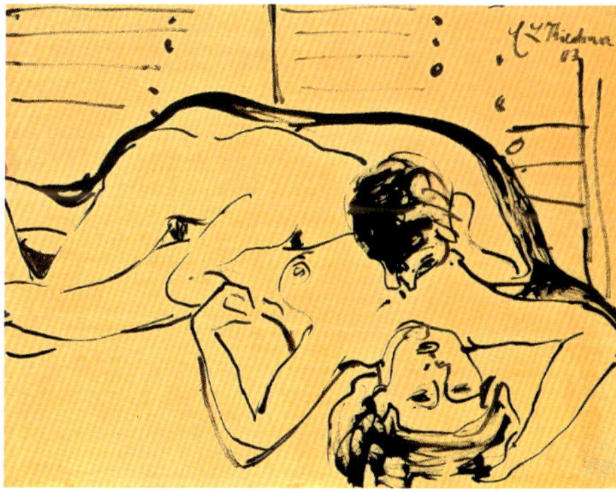

Links: **Liegender nackter Mann mit Kind auf dem Rücken**, 1909, Kreide auf Papier, 42,7 × 34,4 cm; rechts: **Liebespaar**, 1909, Rohrfeder und Tusche, 33 × 44,3 cm

Nächste Doppelseite: **Zwei Akte auf blauem Sofa**, 1910/20, Öl auf Leinwand, 50,2 × 70,5 cm

unbedarft im Atelier, spielt mit Puppen und Katze oder turnt in kindlicher Spontaneität durch die Räume. Zahlreiche Zeichnungen belegen den unverhohlenen Blick auf die Scham des Mädchens, zeigen es in aufreizenden Posen oder gar nackt auf einem ebenfalls unbekleideten Mann sitzend. Dass eine solche Freizügigkeit zu Zeiten von Vatermörder und Schnürkorsett als schamlos und skandalträchtig empfunden wird, liegt auf der Hand. Ob dabei Grenzen des Missbrauchs gegenüber den minderjährigen Modellen überschritten wurden, lässt sich heute nicht mehr klären. Doch beweisen zahlreiche Zeichnungen – in wenigen Strichen festgehaltene Männer mit erigiertem Penis oder Paare beim Geschlechtsakt –, dass im Refugium des Ateliers Lust und Sexualität frei und offensiv, vermutlich auch im Zusammensein mit anderen, ausgelebt werden.

In dieser hocherotischen, zum Bersten aufgeladenen Atmosphäre entwickeln die Maler ihre skizzenhafte, schwungvolle und von den Umrissen her erfasste Malerei, die zum charakteristischen Ausdruck der „Brücke"-Kunst wird und ihre Schöpfer an die Spitze der Avantgarde befördert.

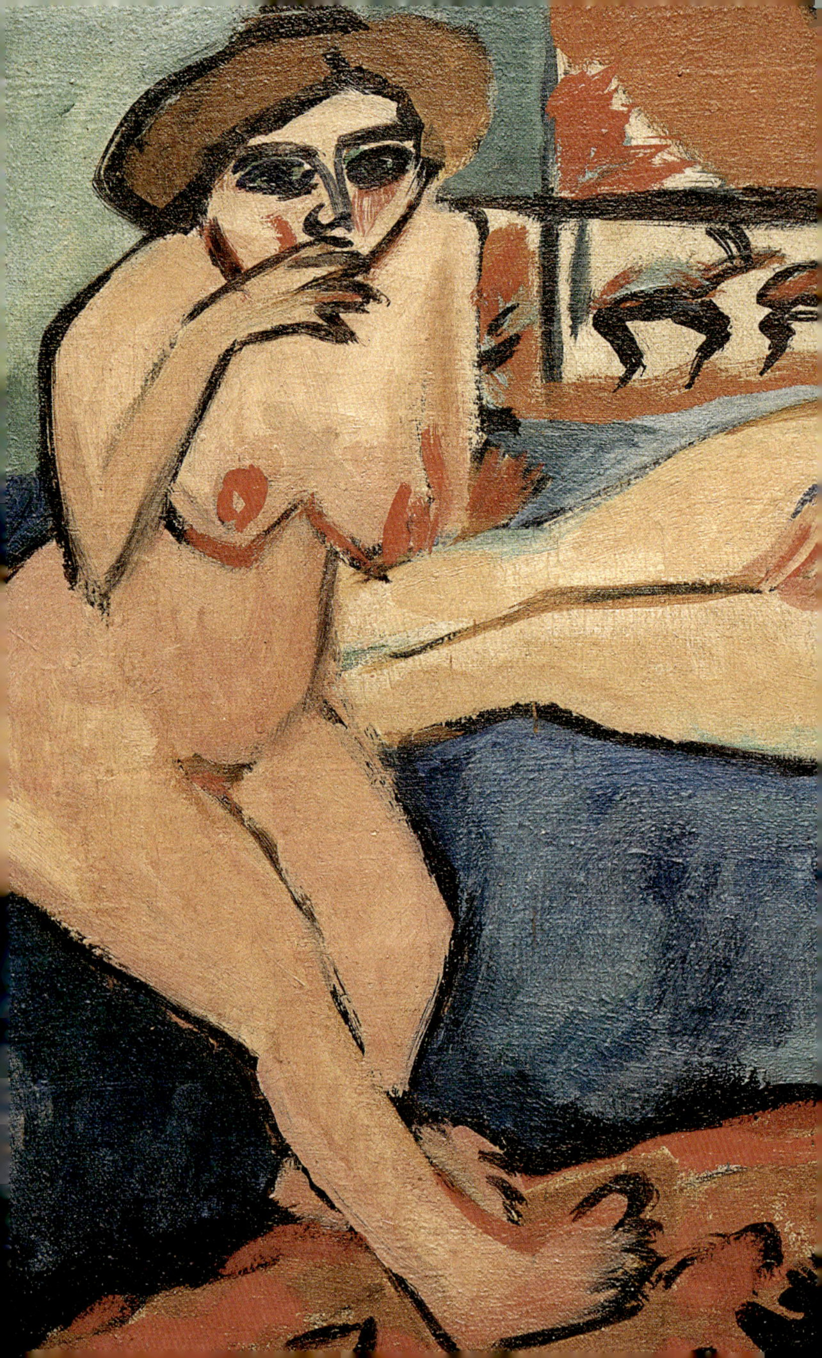

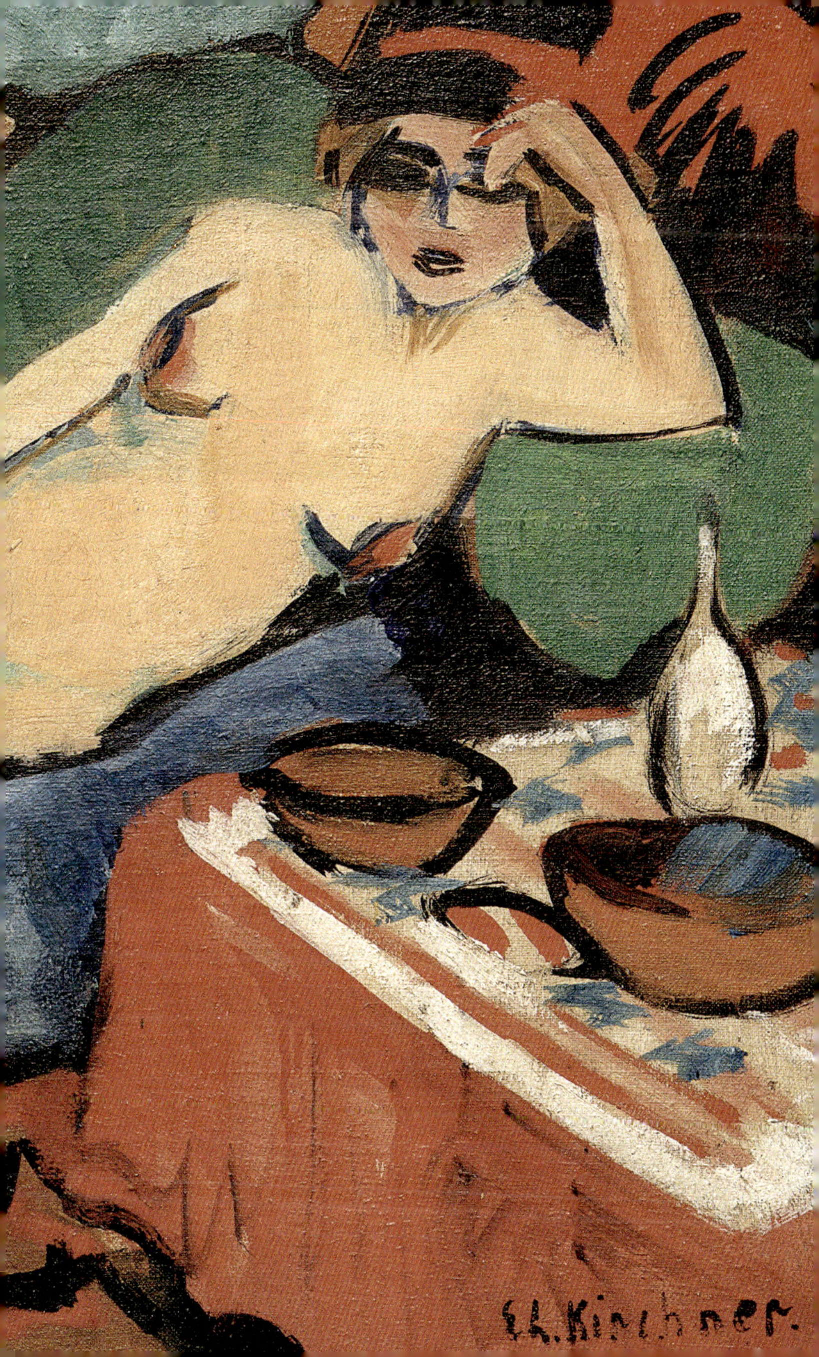
E.L.Kirchner.

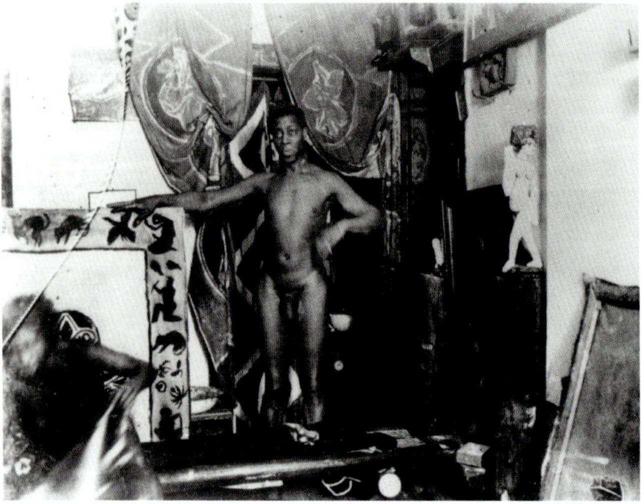

Die Artisten Milly und Sam in Kirchners Atelier, Berliner Straße 80 in Dresden, um 1910/11

DAS ATELIER, „FANTASTISCH AUSGESTATTET MIT BUNTEN STOFFEN“

Beredtes Zeugnis von Kirchners Suche nach antibürgerlicher Unangepasstheit legt auch die fantastische Ausstattung seines Ateliers ab. Ein kleiner Krämerladen in der Berliner Straße 80, unweit der Räumlichkeiten, die Kirchner zunächst von Erich Heckel übernommen hatte, wird ab November 1909 zur Wohn- und Arbeitsstätte – auf engstem Raum und unter primitiven Bedingungen. Aus der wirtschaftlichen Not geboren, aber auch von dem Wunsch nach einer künstlerisch inspirierenden Umgebung getragen, entsteht hier ein höchst eindrucksvolles Gesamtkunstwerk. Eher exotische Behausung als aufgeräumte Arbeitsstätte, vereint es von eigener Hand gefertigte Möbel und Gebrauchsgegenstände, selbst gebatikte Vorhänge mit erotischen Szenen, bemalte Türrahmen, Wandbehänge und Sitzkissen, Sammelobjekte außereuropäischer Kunst, exotische Paravents sowie Holzskulpturen und Ofenkacheln mit der Darstellung sexueller Praktiken. Ein überaus kurios anmutendes Ambiente, das – angeregt durch Kirchners intensive Beschäftigung mit außereuropäischen Kulturen – sexuelle Lebensenergie in radikaler Offenheit zur Schau stellt. Sitten und Gebräuche der Naturvölker, vorgeführt bei den populären Völkerschauen im Dresdener Zoologischen Garten 1910, dürften dabei ebenso Pate gestanden haben wie ein bemalter Balken von der Inselgruppe Palau, 800 Kilometer östlich der Philippinen, den Kirchner im Dresdener Völkerkundemuseum für sich entdeckt hatte. Mit seinen freizügigen erotischen Darstellungen in primitiver Formensprache wurde er zum direkten Vorbild für die Motive auf Wandbehängen und Vorhängen.

Das farbenprächtige Ambiente dient in jener Zeit als Hintergrundfolie zahlreicher Aktdarstellungen, und mehr noch, es wird mit seinem erotischen Bildprogramm zum Bedeutungsträger einer von freier Sexualität motivierten Kunstauffassung. So auch in Kirchners *Stehendem Akt mit Hut* aus dem Jahr 1910, einem zentralen Gemälde der frühen Dresdener Schaffenszeit. Inspiriert von Lucas Cranachs 1532 entstandener Venus, die Kirchner bei seinem Kollegen Otto Müller als Postkarte gesehen hatte, malt er seinen fast lebensgroßen weiblichen Akt in einem schmalen, repräsentativen Hochformat, hinterfangen von einem gelben Vorhang mit ovalen Darstellungen stilisierter Paare beim Liebesspiel. Stark geschminkt und ausgestattet mit erotischen Accessoires wie Hut, Schmuck und roten Schuhen, in ihrer Haltung jedoch keineswegs kokett und auf den imaginären Betrachter bezogen, sondern souverän und selbstbewusst, verkörpert diese moderne Venus Kirchners Ideal von Schönheit und sinnlicher Ausstrahlung.

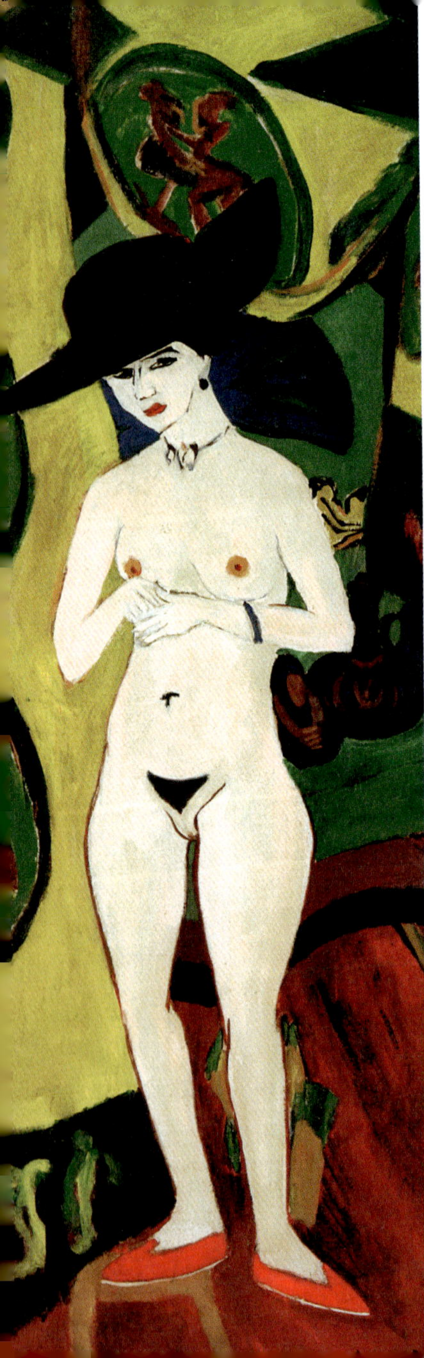

Es ist mein bestes Aktbild aus Dresden. Es ist so selbstverständlich und rein, wie kaum ein Aktbild unserer Zeit.

Ernst Ludwig Kirchner an seinen Sammler und Mäzen Carl Hagemann, 1933

Stehender Akt mit Hut, 1910/20, Öl auf Leinwand, 195 × 64,5 cm

Dargestellt ist Doris Große, Kirchners Lebensgefährtin der Dresdener Jahre, liebevoll Dodo genannt, an die er sich noch viele Jahre später sehnsuchtsvoll erinnert: „Deine feine frische Liebeslust, mit Dir erlebte ich sie ganz, fast zur Gefahr meiner Bestimmung. Doch Du gabst mir die Kraft zur Sprache über Deine Schönheit im reinsten Bilde eines Weibes, gegen das die Cranachsche Venus eine alte Voze ist. Ich weiss, dass Du manchmal an mich denkst, Glück und Qual haben wir beide gehabt."

AN DEN MORITZBURGER TEICHEN

Zu den Höhepunkten des gemeinsamen Schaffens der Künstlergruppe Brücke gehören die inzwischen berühmten Aufenthalte an den Moritzburger Teichen. Im Juni 1909 bricht Kirchner zusammen mit Erich Heckel sowie den Modellen und Lebensgefährtinnen zu einem ersten Sommeraufenthalt in das ausgedehnte Seengebiet rund um das Moritzburger Jagdschloss auf. Nur wenige Kilometer vor den Toren Dresdens erstrecken sich sanft geschwungene Hügel, lichte Wälder, schilfbewachsene Buchten, abgelegene Ufer und kleine Inseln. „Die Landschaft kannten wir schon längst, und wir wussten, dass dort die Möglichkeit bestand, unbehelligt in freier Natur Akt zu malen", erinnert sich später Max Pechstein, der beim zweiten Aufenthalt 1910 mit von der Partie ist. „So zogen wir Malersleute frühmorgens mit unseren Geräten schwer bepackt los, hinter uns die Modelle mit Taschen voller Fressalien und Getränke. Wir lebten in absoluter Harmonie, arbeiteten und badeten. Fehlte als Gegenpol ein männliches Modell, so sprang einer von uns dreien in die Bresche." Wie zuvor Paul Gauguin in der Südsee finden die Dresdener Künstler hier ihr persönliches Arkadien, einen paradiesischen Zustand inmitten unberührter Natur. Bis

In ungebrochenen Farben, blau, rot, grün, gelb leuchten die Körper der Menschen im Wasser oder zwischen Bäumen […]. Ernst Ludwig Kirchner, *Das Werk*, 1925

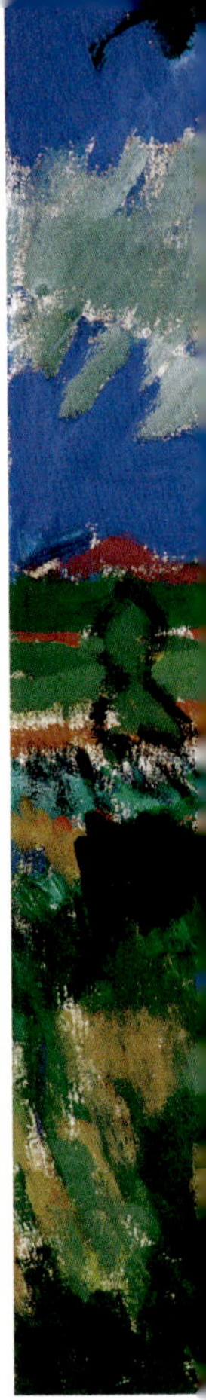

zum dritten und letzten Aufenthalt 1911, den neben Heckel und Kirchner vermutlich auch Otto Müller begleitet, entstehen fast unzählige Skizzen, Zeichnungen, Grafiken und Gemälde weiblicher und männlicher Akte in der Landschaft. Motivisch stehen diese Werke in der langen Tradition der Badenden, wie sie auch bei Paul Cézanne zu finden sind, dessen monumentale Darstellung der *Großen Badenden* Heckel und Kirchner im Frühjahr 1909 in einer Ausstellung der **Berliner Secession*** gesehen haben. Sind Cézannes Akte jedoch ideale Konstrukte aus dem Atelier, so entspringen die Bilder der „Brücke"-Künstler dem direkten Erleben, der unmittelbaren Anschauung bewegter Aktmodelle beim Schwimmen und Sonnen, beim Ruhen in der Hängematte, beim Bogenschießen und Bumerangwerfen. Schnappschussartig werden die beobachteten Szenen in rasanter, kürzelhafter Notation und silhouettenhafter Flächigkeit erfasst, einzigartig in der Radikalität ihrer glutvollen, kontrastreichen Farbexplosion – eine Vision vom neuen, freien Menschen in einem paradiesischen Urzustand.

Mit diesem furiosen Finale neigt sich die ebenso erfolgreiche wie künstlerisch ergiebige Zeit in Dresden dem Ende zu.

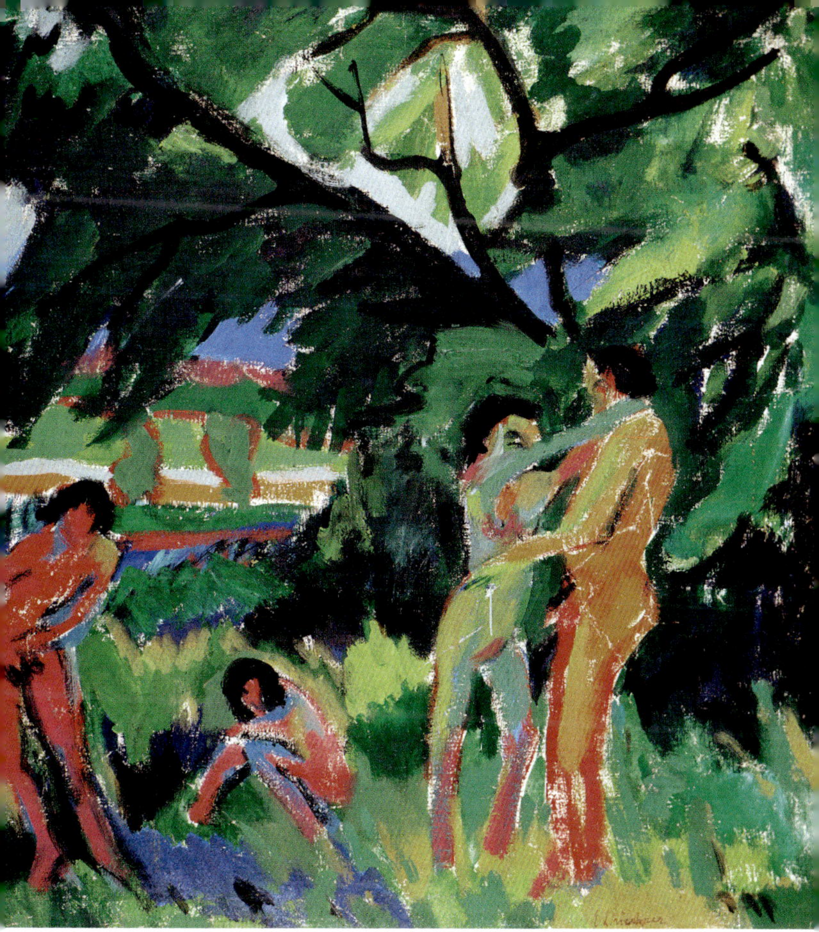

Spielende nackte Menschen unter Baum, 1910, Öl auf Leinwand, 77 × 89 cm

Im Oktober des Jahres 1911 übersiedelt Kirchner nach Berlin, wo Max Pechstein und Otto Müller sich bereits niedergelassen haben, im Dezember folgen auch Erich Heckel und Karl Schmidt-Rottluff. Mit diesem Ortswechsel geht eine deutliche Zäsur in Kirchners Werk einher, ein vehementer Stilwandel, der herausragende Arbeiten eines nervösen Großstadtexpressionismus in allen künstlerischen Medien hervorbringen wird.

Im Getriebe der Großstadt

Aus der als rückständig empfundenen Provinz mitten in die pulsierende Atmosphäre der Millionenstadt Berlin – der junge, ehrgeizige Künstler erhofft sich von der Hauptstadt, die München längst den Rang als führende Kunst- und Kulturmetropole des Deutschen Reichs abgelaufen hat, bessere Verkaufs- und Ausstellungsgelegenheiten und damit Vorteile für seine künstlerische Laufbahn. Die zweitgrößte Stadt Europas mit knapp vier Millionen Einwohnern ist Zentrum der internationalen künstlerischen Avantgarde, Standort der **Berliner** sowie der **Neuen Secession*** und zieht Künstler, Kunsthändler und Sammler, Literaten und Verleger an – ein mitreißender kultureller Schmelztiegel, gleichzeitig aber ein rastloser und gehetzter Moloch im Zerrspiegel nervöser Zerrissenheit.

Verhältnisse hier sehr schlecht. No money

Ernst Ludwig Kirchner, Postkarte an Erich Heckel, 7. Februar 1912

Zunächst scheint es, als ob Kirchners Strategie aufgeht. Der Künstler ist schon ab April 1911 regelmäßig mit Abbildungen seiner Werke in Herwarth Waldens avantgardistischer Zeitschrift ***Der Sturm**** vertreten, er wird Mitglied im Sonderbund Westdeutscher Kunstfreunde und Künstler und 1912 zur Ausgestaltung einer Kapelle bei dessen heute legendärer *Internationaler Kunstausstellung* eingeladen. Er nimmt an der vierten Ausstellung der Neuen Secession sowie an zahlreichen weiteren Ausstellungen teil, findet Kontakt zu Berliner Dichterkreisen und lernt den Arzt und Schriftsteller Alfred Döblin kennen, in dem er einen kenntnisreichen Gesprächspartner und Freund findet und dessen Novelle *Das Stiftsfräulein und der Tod* er 1913 illustriert.

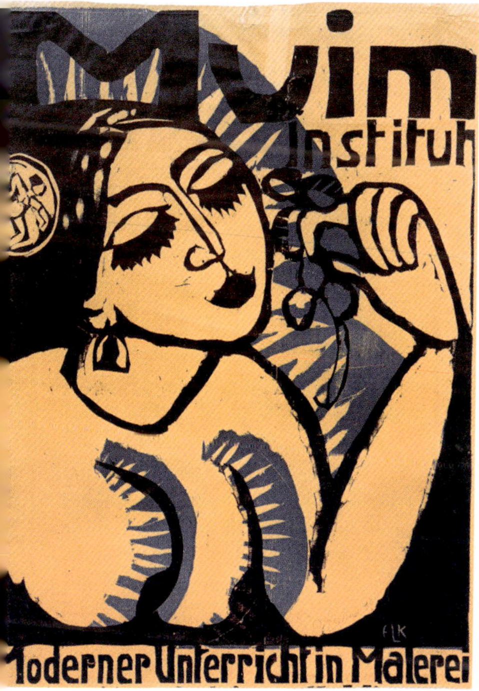

Plakat MUIM-Institut, 1911, Farbholzschnitt auf sandfarbenem Plakatpapier, 72,4 × 49,1 cm

Doch die unerbittliche Stadt fordert auch ihren Tribut: Der Erfolg für die mit Max Pechstein 1911 zur finanziellen Absicherung gegründete private Kunstschule bleibt aus: Das MUIM-Institut mit seinem „Modernen Unterricht in Malerei" – auch in der Hoffnung ins Leben gerufen, „eine gute Nachkommenschaft" zu erzeugen und „viele Freunde vom Wert unserer Sache" zu überzeugen – kann nur zwei Schüler, Werner Gothein und Hans Gewecke, gewinnen und muss schon Ende 1912 seine Pforten wieder schließen. Vor diesem Hintergrund macht sich bei Ernst Ludwig Kirchner schon früh Resignation breit, und er kommentiert in einem Brief aus dem Februar des Jahres: „Es liegt das an der unsteten Art, in der man in Berlin lebt, wenn man um das Leben kämpfen muß. Es ist schrecklich ordinär hier. Ich sehe, daß eine feine freie Kultur in diesen Verhältnissen nicht geschaffen werden kann und möchte fort, sobald ich diese große Baisse überwunden habe." Bis es so weit ist, sollen noch einige Jahre ins Land gehen – eine schwere Zeit für den Künstler, die heute jedoch als eine seiner bedeutendsten und produktivsten Schaffensphasen gilt.

Kirchner bei der Sonderbund-Ausstellung in Köln

Vom 25. Mai bis 30. September 1912 fand in Köln die *Internationale Kunstausstellung des Sonderbundes Westdeutscher Kunstfreunde und Künstler* statt. Sie war von der 1909 gegründeten Vereinigung von Künstlern, Kunstsammlern und Museumsfachleuten mit dem Ziel organisiert worden, „einen Überblick über den Stand der jüngsten Bewegung in der Malerei [zu] geben, die nach dem atmosphärischen Naturalismus und dem Impressionismus der Bewegung aufgetreten ist und nach einer Vereinfachung und Steigerung der Ausdrucksformen, einer neuen Rhythmik und Farbigkeit, nach dekorativer oder monumentaler Gestaltung strebt, einen Überblick über jene Bewegung, die man als Expressionismus bezeichnet hat".

Die Schau mit mehr als 170 Künstlern aus zehn Ländern gilt heute als die bedeutendste Präsentation der europäischen Avantgarde vor dem Ersten Weltkrieg in Deutschland. Auch die Künstler der Künstlergruppe Brücke waren zur Teilnahme eingeladen. Heckels Vorschlag allerdings, als Gruppe einen eigenen Raum mit Wandbespannungen, Grafiken, Holzskulpturen und Gemälden auszustatten, wurde nicht angenommen. Ernst Ludwig Kirchner, Erich Heckel und Karl Schmidt-Rottluff waren schließlich mit je drei Gemälden vertreten, Otto Mueller und Max Pechstein mit je einem Werk.

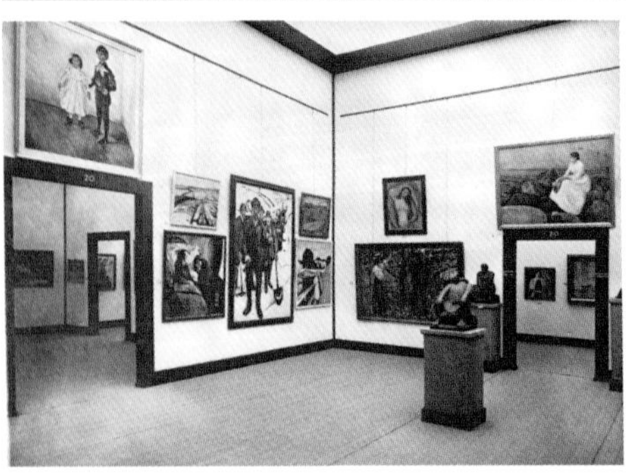

Sonderbund-Ausstellung, Blick in den Raum mit Bildern von Edvard Munch, 1912

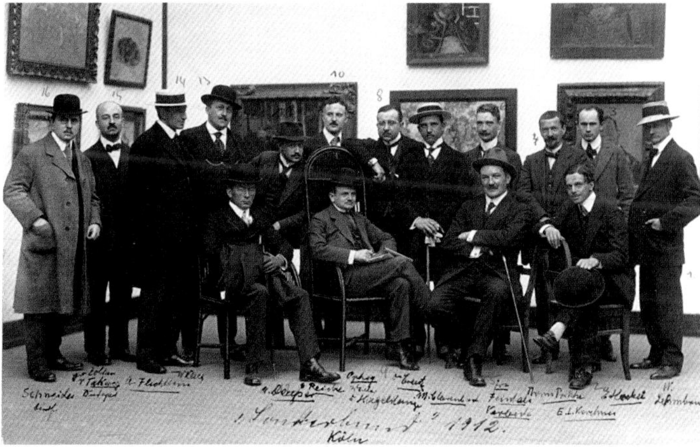

Gruppenporträt in Saal 5 der Sonderbund-Ausstellung mit Wilhelm Lehmbruck, Erich Heckel, Johan Thorn Prikker, Max Clarenbach, Dr. Richart Reiche, Alfred Flechtheim, Josef Feinhals, Dr. Alfred Hagelstange, August Deusser und anderen, rechts vorn sitzend Ernst Ludwig Kirchner, 1912

Dass zwei von ihnen doch noch die Gelegenheit zur Ausgestaltung eines besonderen Raumes erhielten, war der mangelnden Organisationsfähigkeit der Veranstalter zu verdanken. Inmitten der Ausstellungshalle befand sich ein kapellenartiger, neogotischer Saal, der Buntglasfenster des niederländischen Künstlers Johan Thorn Prikker aufnehmen sollte. Als nur knapp zwei Wochen vor Ausstellungsbeginn immer noch keine Entscheidung über die Dekoration der Kapelle mit ihren Nischen, mächtigen Pfeilern und bogenförmigen Durchgängen getroffen war, erinnerte man sich offenbar an Heckels Idee. Dieser zog Ernst Ludwig Kirchner hinzu, und die beiden Maler realisierten innerhalb kürzester Zeit eine Ausstattung des Raumes mit gebatikten Jutebespannungen in ornamentaler Bemalung, die das von Kirchner geschaffene Wandbild einer Madonna mit Nimbus umgaben. „Es ist wunderbar, Madonnen zu malen“, kommentierte der Künstler das für ihn ungewöhnliche Motiv, „man kann die ganze Liebe für das Weib hineinmalen. Güte und Milde.“

EINE NEUE LEBENSGEFÄHRTIN

Stilistisch ist in der frühen Berliner Zeit zunächst noch kein abrupter Wandel erkennbar. Noch sind Kirchners Werke geprägt von der intensiven Beschäftigung mit außereuropäischer Kunst, befördert vermutlich durch den Besuch einer Gauguin-Ausstellung in der Dresdener Galerie Arnold im September 1910. In einer Publikation des englischen Kunsthistorikers John Griffiths wird er aufmerksam auf die buddhistischen Fresken der indischen Ajanta-Höhlen, die ihn „fast hilflos vor Entzücken" machen und seine eigene Handschrift prägen sollen. Die flächenhaften Abbreviaturen der jüngsten Gemälde werden nun aufgegeben zugunsten plastisch gerundeter Körper mit weich fließenden Konturen, durch Schatten oder Schraffuren in ihren Volumina hervorgehoben und in einer Farbigkeit, die das leuchtende, kontrastreiche Kolorit durch wenige gedeckte Nachbartöne ersetzt.

Badende, 1911, Öl auf Leinwand, 151 × 197 cm

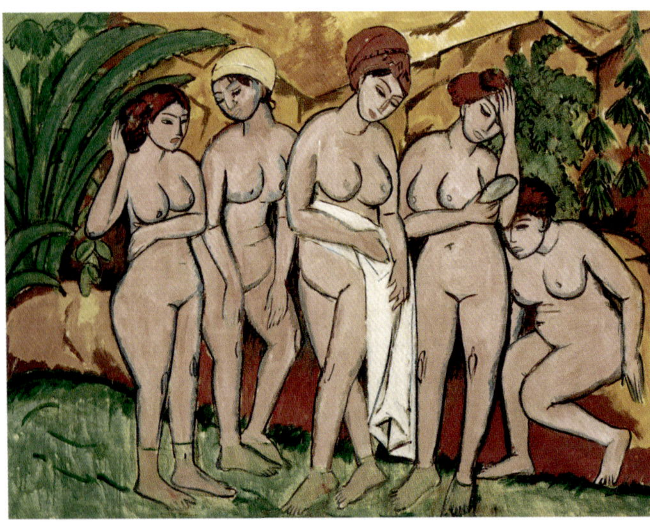

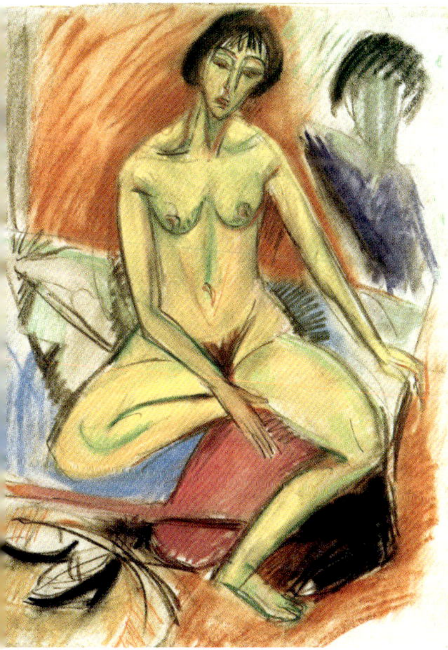

Sitzender weiblicher Akt, um 1912, Pastell, 67,7 × 50,7 cm

Kurz darauf aber ändert sich Kirchners Körperauffassung und tendiert zu leicht überlängten, schlanken Formen, die sich von den prallen Ajanta-Vorbildern lösen und eindeutig in die Berliner Lebens- und Schaffensphase gehören, die durch Kirchners neue Lebensgefährtin Erna Schilling und ihre Schwester Gerda beeinflusst ist. Nachdem Doris Große Kirchner verlassen hat und bei seinem Fortgang in Dresden geblieben ist, lernt der Künstler im Sommer 1912 die beiden Varietétänzerinnen kennen – auf der Suche nach einem Modell, das ihn auf die Ostseeinsel Fehmarn begleitet, wo er einige Zeit mit Erich Heckel und dessen Lebensgefährtin Sidi Riha verbringen möchte. „Ich fand eine kleine Tänzerin, die im selben Lokal wie Sidi auftrat. [...] Sie war sehr nett, gut gebaut und nur sehr elend und traurig. Wir hatten Sympathie für einander, und sie ging mit mir und lebte bis zur Abreise ganz bei mir. So kam, was zwischen Menschen zweien Geschlechtes natürlich ist, und ich war damals so ausgehungert nach Liebe und Verkehr, dass ich sehr froh war [...].“

Die beiden jungen Frauen kommen als Töchter eines Berliner Verlagskorrektors aus einfachen Verhältnissen, haben nach dem Tod ihrer Mutter das Elternhaus früh verlassen und verdingen sich in einem Nachtlokal als Tänzerinnen, möglicher-

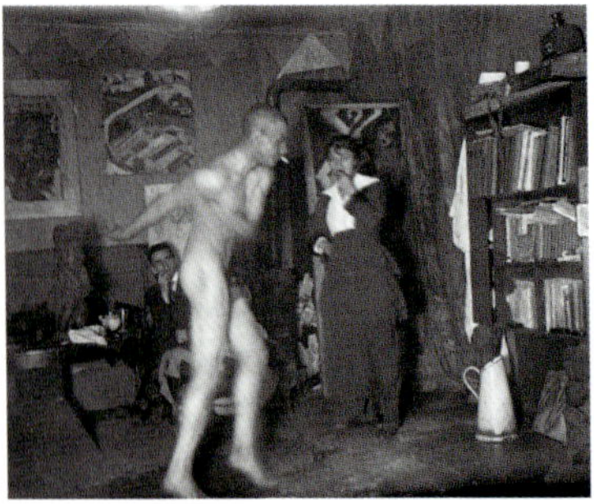 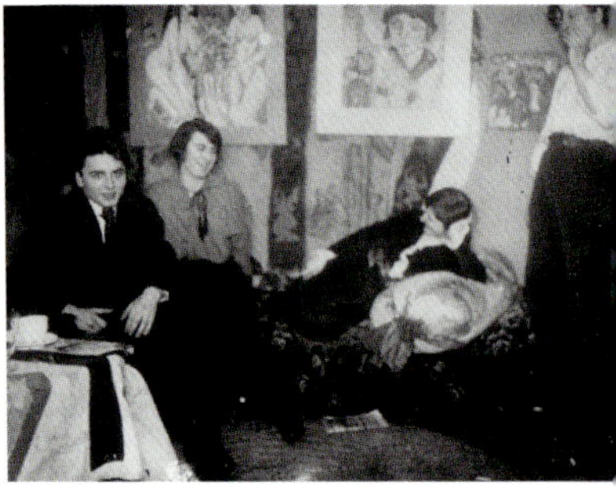

weise auch mit gelegentlicher Prostitution. Kirchner ist nicht ganz ehrlich, wenn er rückblickend betont, es sei Liebe auf den ersten Blick gewesen, denn zunächst geht er wohl eine Affäre mit der hübschen, temperamentvollen Gerda ein, bevor er sich der strengeren, eher melancholischen Erna zuwendet, die mit ihrem modisch-exakt geschnittenen Bubikopf und den charakteristischen, strengen Gesichtszügen Eingang in zahlreiche Werke findet. Beide Frauen haben als Modelle mit ihren „schönen architektonisch aufgebauten, strengförmigen" Figuren erheblichen Einfluss auf die Körperauffassung seiner Akte in dieser Zeit. „Ich vergesse nie die rührende Hingebung, die in der Bewegung lag, als ich ihr helfen wollte, die Bluse auszuziehen, als ich das erste Mal ihren Körper sehen wollte, um zu zeichnen. Es klingt vielleicht lächerlich, aber ich bin ungeheuer abhängig von der Körperform bei einem Menschen. [...] Er wirkt auf die Formen meiner Arbeit ein und beherrscht sie." Erna ist es schließlich, die Kirchner nach Fehmarn begleitet und fortan sein Leben teilen wird.

ARKADIEN AN DER OSTSEE

Es ist wieder einmal ein Sommer ganz nach Kirchners Geschmack. Vergessen ist die depressive Stimmung der ersten Monate des Jahres, neu verliebt und draußen in der unberührten Landschaft der Küste auf Fehmarn, wo er „alles unverändert" und immer noch „ohne Badegäste" vorfindet. Das frisch

Links: Der nackte Ernst Ludwig Kirchner mit seiner Lebensgefährtin Erna Schilling und einem der beiden Schüler des MUIM-Instituts, Werner Gothein, in seinem Berliner Atelier, 1915; rechts: Ernst Ludwig Kirchner (rechts) mit Werner Gothein, dessen Freundin und Erna Schilling im Berliner Atelier, 1915

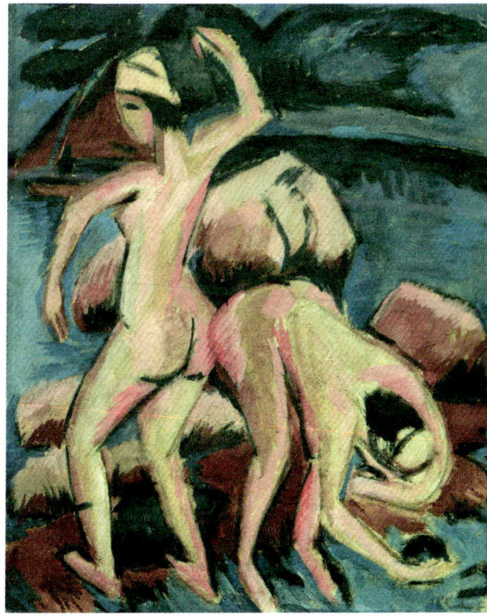

Zwei Badende (Fehmarn), 1912, Öl auf Leinwand, 61 × 50,5 cm

gebackene Liebespaar sucht sich an der äußersten, südöstlichen Inselspitze Staberhuk in einsamer Abgeschiedenheit jenseits touristischer Pfade eine Unterkunft im Giebelzimmer des Leuchtturmwächters Ernst Friedrich Lüthmann und seiner zehnköpfigen Familie. Frühmorgens zwischen 5 und 6 Uhr steht der Maler auf, wäscht sich am Brunnen neben dem Haus, um dann den ganzen Tag an der Küste zu arbeiten. Diese bietet mit dem wogenden Meer, den steinigen Stränden, der mit Buschwerk bewachsenen Steilküste und den mächtigen, eiszeitlichen Granitfindlingen ein ebenso markantes wie charakteristisches Erscheinungsbild, das Eingang in zahlreiche Aktdarstellungen und Badeszenen findet. Neben Erna Schilling und Heckels Freundin Sidi Riha gehören auch zwei Töchter des Leuchtturmwächters, Dora und Frieda, sowie deren junge Tante Catharina zu den Modellen. Badende an den einsamen Naturstränden sind neben einigen Landschaftsmotiven das zentrale Bildthema auf Fehmarn. Der Sommer ist ungeheuer ertrag-

Ocker, blau, grün sind die Farben von Fehmarn, wundervolle Küstenbildung, manchmal von Südseereichtum [...].

Ernst Ludwig Kirchner in einem Brief an seinen Förderer und Sammler, den Hamburger Landgerichtsdirektor Gustav Schiefler, 31. Dezember 1912

reich, etwa die Hälfte der künstlerischen Jahresproduktion entfällt auf Bilder von der Insel.

In einer Karte an den Landgerichtsdirektor Gustav Schiefler, einen Freund und engagierten Sammler seiner Werke, schreibt Kirchner am Jahresende: „Wie Sie wohl wissen, war ich diesen Sommer nach 5 jähriger [sic!] Pause wieder in Fehmarn. Ich will auch nächstes Jahr wieder hin, der ganze starke Eindruck des ersten Dortseins hat sich vertieft, und ich habe dort Bilder gemalt von absoluter Reife, soweit ich das selbst beurteilen kann.“ Er wird seine Ankündigung wahrmachen und wiederkommen, doch zuvor kehrt er zurück nach Berlin, wo dramatische Ereignisse ihre Schatten vorauswerfen.

CHRONIK UND ZERFALL DER KÜNSTLERGRUPPE BRÜCKE

Zurück in der Hauptstadt bleibt auch hier der weibliche Akt zunächst beliebter Bildgegenstand, doch wird er nun dem Großstadtthema einverleibt. Vor dem Hintergrund des nächtlichen Amüsierbetriebs mit seiner allgegenwärtigen Prostitution findet das Motiv der Bordellszene Eingang in Kirchners Werk. Aufreizende Kleidung, Dessous und Stöckelschuhe, eine lasziv-frivole Gebärde in Anwesenheit einer bekleideten männlichen Figur bilden die Zutaten des pikanten Bildthemas.

In der zweiten Jahreshälfte entsteht eine Serie von **Stadtveduten***, die Kirchners reifen Berliner Stil begründen. Was sich in den Fehmarner Gemälden angekündigt hat, gelangt zu einer ersten Vollendung. Unter dem nachhaltigen Eindruck einer Ausstellung von Werken der italienischen **Futuristen***, die

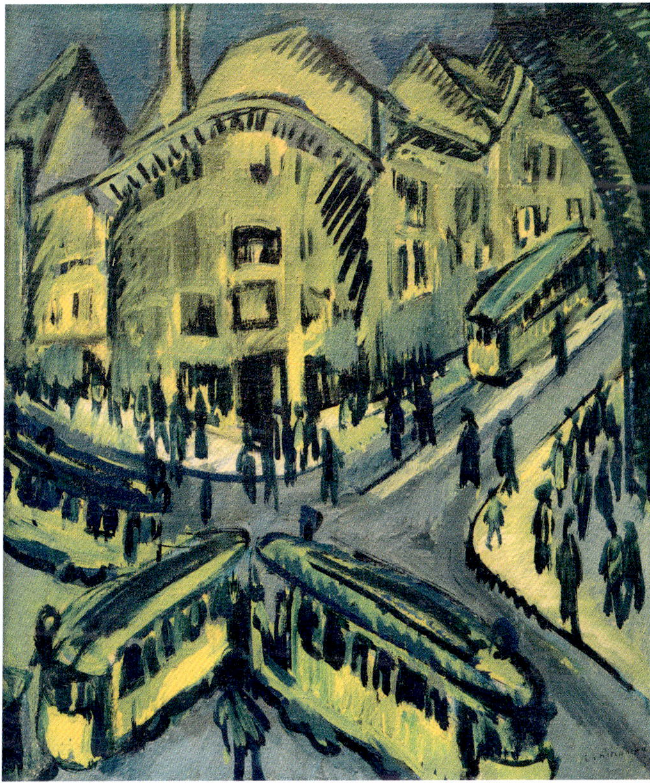
Nollendorfplatz, 1912, Öl auf Leinwand, 69 × 59,7 cm

Kirchner im Frühjahr in der Galerie ***Der Sturm*** * von Herwarth Walden gesehen und als stilverwandt erkannt hat, entwickeln sich seine faszinierenden Darstellungen der rastlosen Metropole. Eine „splissige" Handschrift erobert nun die gesamte Bildfläche, verzahnt die einzelnen Elemente miteinander und bringt sie in regelrechte Vibration. Nervös-feingliedrige Pinselhiebe und dunkle Schraffuren, eine giftig-grüngelbe Farbgebung, stürzende Perspektiven und das ameisenhafte Gewimmel der Menschen bilden im *Nollendorfplatz* ein dramatisch verdichtetes, bühnengleiches Bildgefüge.

Das Jahr 1913 bringt mit Gemälden wie diesen eine bemerkenswerte Entwicklung hervor und kündigt schon den ab 1914 folgenden Höhepunkt in Kirchners Werk an, aber es wird auch überschattet von negativen Entwicklungen. War die Künstlergruppe Brücke in der ersten gemeinsamen Berliner Zeit noch im Aufwind und getragen von dem gewünschten Erfolg – durch zahlreiche Ausstellungsbeteiligungen von Berlin über Hamburg und Köln bis nach München und sogar 1913 zur legendären Armory Show von moderner Kunst in den USA –, so zeichnen sich nun zunehmend künstlerische sowie menschliche Differenzen ab. Im unerbittlichen Existenzkampf der Millionenstadt löst sich der Zusammenhalt der Gruppe zusehends, kommen die individuellen Charakterzüge und Künstlerpersönlichkeiten immer mehr zum Tragen. Jeder wird zum Einzelkämpfer. Als Max Pechstein 1912 als Einziger aus der Künstlergruppe Brücke zur Teilnahme an der Ausstellung der Neuen Secession eingeladen wird und gegen den Widerstand der Freunde und Kollegen teilnimmt, schließt ihn die Künstlergemeinschaft aus.

Vor diesem Hintergrund wird die Idee, eine Chronik der Künstlergruppe Brücke herauszugeben, zum Desaster. Originale Druckgrafiken, Fotografien und Texte sollen die Entwicklung der Künstlergemeinschaft von 1905 an dokumentieren, doch Ernst Ludwig Kirchner, mit dem Verfassen des Textes beauftragt, stilisiert sich selbst zum Initiator und führenden Kopf der Gruppe und zieht mit seiner Anmaßung die Empörung seiner Mitstreiter auf sich. Am 27. Mai 1913 wird die Gruppe aufgelöst, und man informiert die passiven Mitglieder der Künstlergruppe Brücke. Die Chronik wird Kirchner später in nur wenigen Exemplaren als Privatdruck veröffentlichen.

NOCH EINMAL FEHMARN

Nach diesen unschönen Ereignissen sehnt sich der Künstler mehr denn je nach einem Rückzug aus der lärmenden Großstadt mit all ihren Anstrengungen und Problemen. „Heute nacht fahre ich nach Lübeck und von da nach Fehmarn, um wieder etwas Kraft zu bekommen und zu malen“, schreibt Kirchner im Frühsommer an Gustav Schiefler. „Die Ereignisse des letzten Winters haben meine Nerven etwas aufgebraucht.“

Oh, Staberhuk, wie bist Du herrlich, ein Glück im Winkel friedlich schön.

Ernst Ludwig Kirchner, Notiz im *Fehmarner Skizzenbuch*, Juli 1913

Wieder ist Erna mit von der Partie, und wieder hat man sich im vertrauten Giebelzimmer der Familie Lüthmann nahe dem Leuchtturm Staberhuk eingemietet. Das Paar reist in Begleitung von Werner Gothein und Hans Gewecke, den beiden MUIM-Schülern, an die sich Kirchner nach dem Zerwürfnis mit den Freunden und Kollegen enger angeschlossen hat. Otto Müller, der Einzige der ehemaligen „Brücke“-Mitglieder, zu dem weiterhin ein freundschaftlicher Kontakt besteht, reist ebenfalls mit seiner Frau Maschka für eine Weile an.

Es wird ein paradiesischer, künstlerisch mehr als ergiebiger Sommer. Wieder sind es neben reinen Landschaftsmotiven häufig Badende und Akte in der Natur, doch ziehen die Figuren sich nun zunehmend aus dem Bildgefüge zurück, werden kleiner und weniger kompositionsbestimmend, während die Umgebung sich Raum greift, durchflochten von fiedrig aufgefächerten Pinselhieben.

Akt im Bogen (Badende vor Fehmarnküste), 1913, Bleistift und Aquarell auf Papier, 46,1 × 38 cm

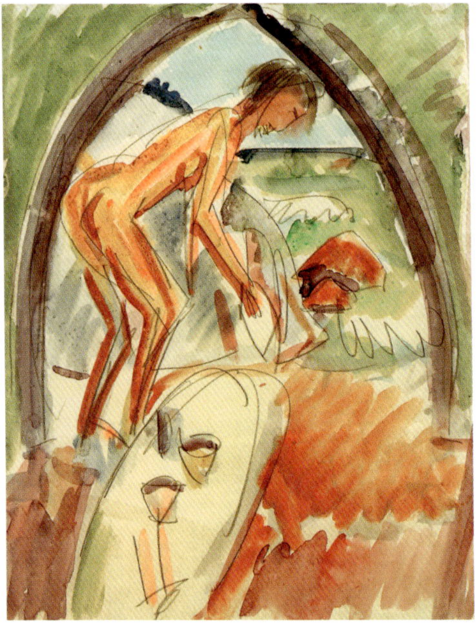

Kirchner beginnt nun auch hier – wie schon in seinen Dresdener und Berliner Ateliers – mit der aktiven Gestaltung seiner Umwelt. Der Künstler, der Europa nie verlassen wird, schafft sich auf Fehmarn sein eigenes, exotisch anmutendes Inselparadies inmitten unberührter Natur. Eine einsame Grashütte am Strand mit spitzbogigem Eingang und einem Tisch im Inneren ist so gebaut, „daß man über einen rosa Stein hinweg das Meer sehen kann". Festgehalten auf einigen Zeichnungen, Aquarellen und einem Gemälde lässt sich neben dem Eingang die Skulptur einer rückwärtsgewandten Frau erkennen. Sie verweist darauf, dass Ernst Ludwig Kirchner in diesem Sommer geradezu leidenschaftlich an einer Vielzahl von Holzskulpturen arbeitet – inspiriert durch einen nahe der Küste gestrandete Schoner, der sich als große Ausbeute für aufgeschwemmte und daher leicht zu bearbeitende Holzbohlen erweist. Häufig schwimmt der Künstler zum Wrack und ist geradezu beseelt von der Idee, mit dem

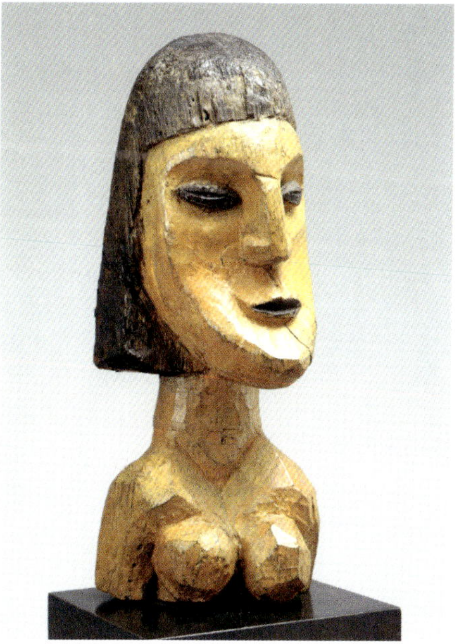

Frauenbüste, Kopf Erna, 1913, Eiche, ockerbraun und schwarz bemalt, 35,5 × 15 × 16 cm

zufällig vorgefundenen Material zu arbeiten. Das „Eichenholz von dem gestrandeten Schiff [wird] immer verlockender für Plastiken", schreibt er gegen Ende seines Aufenthaltes am 24. September an den bereits abgereisten Gewecke. „Ich muss ein paar Stücke unbehauen mitnehmen denn die Zeit drängt und die Tage werden immer kürzer."

Mit dem *Kopf Erna* entsteht 1913 eine ausdrucksstarke Holzskulptur seiner Lebensgefährtin: ein grob behauenes Porträt mit einem überdimensionierten Kopf auf schmal abfallenden Schultern, der strenge Pagenschnitt farbig gefasst, das maskenhaft geformte Gesicht mit reliefartig hervortretenden Augenschlitzen in ungewöhnlicher, konkaver Vertiefung mit markant hervortretendem Kinn. Hier standen ohne Zweifel afrikanische Masken aus dem Kongo oder Gabun mit ihrer starken Stilisierung der menschlichen Physiognomie Pate.

AUF DER BÜHNE DER NÄCHTLICHEN STADT

Ende September 1913 ist Ernst Ludwig Kirchner wieder in Berlin und taucht tiefer als jemals zuvor in den Kosmos der Großstadt ein. In einer der einsamsten Zeiten seines Lebens, geprägt von Schlaflosigkeit und einer qualvollen inneren Unruhe, zieht es den übersensiblen Künstler immer wieder in die nächtlichen Amüsierviertel, wo Bars und Cafés, Varietés und Nachtlokale mit ihren Vergnügungen und erotischen Verheißungen Zerstreuung versprechen. In raschen, kürzelhaften Strichen und Pinselzügen bannt er geradezu seismografisch den überreizten Nerv der nie zur Ruhe kommenden Stadt aufs Papier und auf die Leinwand.

[...] die mit Cigaretten und Kaffee durcharbeiteten Nächte waren, wenige Ausnahmen nicht gerechnet, *meine allein* [...]

Ernst Ludwig Kirchner an Gustav Schiefler, 9. Januar 1923

Ende des Jahres setzen seine berühmten Straßenszenen ein, die im Potsdamer Platz in ein lebensgroßes, repräsentatives Format münden. Elf Gemälde und zahlreiche Zeichnungen, Pastelle und Druckgrafiken umfasst die Reihe dieser Figurenbilder, in denen Kirchner die Prostituierte aus dem schützenden Interieur geradewegs in die gleißende Öffentlichkeit des illuminierten Stadtlebens katapultiert. Die Kokotten stolzieren auf spitzen, hochhackigen Stiefeletten, in modischen Mänteln und mondänen Kostümen, herausgeputzt mit hochgestelltem Pelzkragen, großen federgeschmückten Hüten und Federboas – Paradiesvögeln gleich – auf den Boulevards der Berliner Amüsierviertel rund um Potsdamer Platz, Friedrichstraße und Leipziger Straße. Ihre schlanken, überlängten Körper sind meist

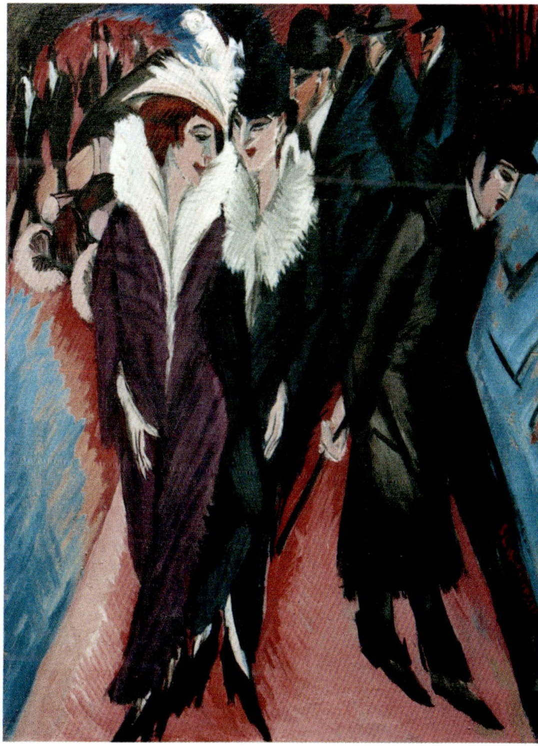

Die Straße, 1913, Öl auf Leinwand, 120,6 × 91,1 cm

zusammengedrängt auf dem schmalen Trottoir zwischen erleuchteten Schaufenstern und dem vorbeihastenden Verkehr, mit dem urbanen Umfeld durch ein unruhig-erregtes, vibrierendes Zittern der Pinselhiebe unentwirrbar verzahnt – die dunkel gekleideten Freier mit Hut oder Zylinder als gesichtslose schwarze Gestalten stets im Dunstkreis der Objekte ihrer Begierde. Der städtische Umraum, Architektur und Straßenzüge, oft in spitzwinkligen Abbreviaturen in die Fläche eingespannt, ist meist kaum mehr als ein Fragment, ein rudimentäres Requisit innerhalb einer komplexen Ikonografie, welche die schillernde Figur der Kokotte als Repräsentantin der modernen Metropole inszeniert.

Es fiel mir sehr schwer, so plötzlich abzureisen, da ich dies Jahr vollständig in der Landschaft und dem Leben da oben aufging und nur fast ohne Bewußtsein zuzugreifen brauchte.

Ernst Ludwig Kirchner an Gustav Schiefler, 28. Dezember 1914

AM VORABEND DES WELTKRIEGES

Noch einmal reist der Künstler – nach Aufenthalten in Jena und Köln – 1914 auf die Insel Fehmarn und verlebt dort vier glückliche Wochen bei hochsommerlichen Temperaturen.

Doch dann wird das Idyll schlagartig zerstört. Am 1. August 1914 erklärt Kaiser Wilhelm II. Russland den Krieg, Fehmarn wird militärisches Sperrgebiet, die Besucher der Insel werden umgehend evakuiert. Überstürzt verlassen auch Kirchner und Erna Schilling die Insel und werden in der ersten Kriegshysterie gleich zweimal als russische Spione verhaftet. Sie kommen nur frei, weil der Leuchtturmwächter telefonisch ihre Identität bezeugen kann – ein erster Vorgeschmack auf die Auswirkungen des Krieges, der Kirchner aufs Härteste treffen wird. „Glücklich in Berlin", so der Künstler, „kamen Monate neuer Entbehrungen".

Fehmarn wird immer Kirchners Sehnsuchtsort bleiben, und noch mehrfach wird der Künstler Pläne für einen Besuch seines Ostseeparadieses schmieden, „wo man so glücklich und einfach lebte". Doch seine Hoffnungen sollen sich nicht erfüllen, er wird sein geliebtes Arkadien nicht mehr wiedersehen.

Krise und Zusammenbruch

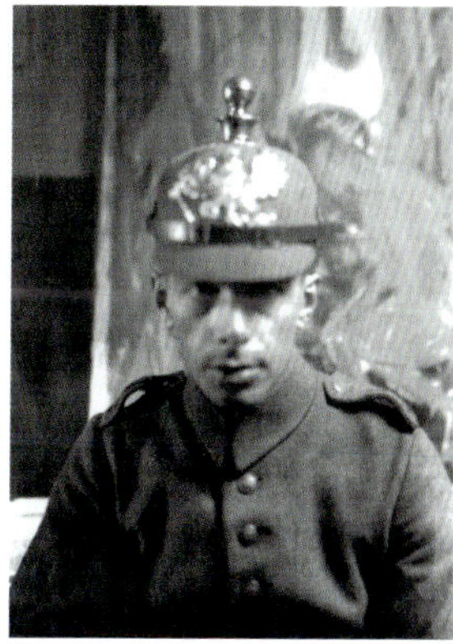

Selbstporträt als Soldat im Atelier Berlin-Friedenau, Körnerstraße 45, 1915

Die sich anbahnende Krise im Angesicht des Krieges macht sich schon unmittelbar nach Kirchners Rückkehr von Fehmarn bemerkbar. Seit der Verhaftung auf der Heimreise hat der Künstler Angst vor jeder Uniform und wagt sich in Berlin nur noch nachts auf die Straße. Schon in den Jahren zuvor sind erste depressive Verstimmungen, nervöse Unruhe und Schlaflosigkeit aufgetreten. Doch jetzt schlägt das Schicksal mit unbarmherziger Härte zu. Der Künstler – in panischer Angst, an die Front einberufen zu werden – greift wie schon 1913 beim Auseinanderbrechen der Künstlergruppe Brücke zum Alkohol, betäubt sich mit übermäßigem Genuss von Absinth sowie der Einnahme des schmerzstillenden und fiebersenkenden Arzneimittels Pyramidon. In der Hoffnung, selbst Einfluss auf seinen Kriegseinsatz nehmen zu können, meldet er sich im Frühjahr 1915 nach eigenen Worten als „unfreiwillig Freiwilliger" zum Dienst und wird in das berittene Artillerieregiment nach Halle an der Saale eingezogen.

Zwar liebt er Pferde und lernt Reiten, gibt aber eine mehr als erbärmliche Figur ab. Dem militärischen Drill und der unerträglichen Furcht vor dem Fronteinsatz begegnet Kirchner mit systematischem Hungern und führt so schließlich selbst einen Kollaps herbei. „Eines Morgens erschien auf dem Reitplatz ein Soldat, dem man von weitem ansah, dass man ihn nie in eine Uniform hätte stecken sollen. Es war der Maler Ernst Ludwig Kirchner [...]", berichtet sein Vorgesetzter, der Jurist und Ober-

Schlemihls Begegnung mit dem Schatten, Blatt 6 aus der Serie **Bilder zu Chamissos Peter Schlemihl** (6-teilig und Titelblatt), 1915, Farbholzschnitt auf Löschpapier, 30,5 × 29,3 cm

leutnant Hans Fehr, ein Freund Emil Noldes und passives Mitglied der Künstlergruppe Brücke. „Man sah, wie schwer er litt. Er war blass und magerte zusehends ab. [...] Der beschwerliche Kasernendienst und die quälende Angst vor der Front hatten ihn völlig zermürbt. [...] der Zusammenbruch musste früher oder später kommen." Nach nur zwei Monaten Dienstzeit wird Kirchner im September vorläufig vom Militär freigestellt mit der Auflage, sich in ärztliche Behandlung zu begeben. „Ich fühle mich halbtot von geistigen und körperlichen Qualen", äußert er Anfang Dezember gegenüber dem Sammler Karl Ernst Osthaus. „Dabei hat man die Aussicht bald wieder eingezogen zu werden. Arbeiten kann ich jetzt nur nachts."

Kirchner ist ein seelisches und körperliches Wrack, seine Welt aus den Fugen geraten und vom Zerfall bedroht. In dieser aufreibenden Zeit illustriert er Adelbert von Chamissos märchenhafte Erzählung *Peter Schlemihls wundersame Geschichte* über einen Mann, der seinen Schatten an den Teufel verkauft und fortan zum Ausgestoßenen der Gesellschaft wird. Der Künstler interpretiert sie als die Lebensgeschichte eines Verfolgungswahnsinnigen, der „seine innere Eigenart verkauft und damit sein seelisches Gleichgewicht verliert". Schlemihls Geschichte wird für Kirchner zum schicksalhaften Abbild seines eigenen Identitätsverlustes: „[...] die Aufgabe des eigenen Willens im Militärdienst ist für mich der Verlust des Schattens, der Verlust der Eigenart des Einzelnen, äußerlich in der Maskerade der Uniform gebettet." Sehr persönlich und vor dem Hintergrund der eigenen Vita interpretiert er die Erzählung in sieben ausdrucksstarken Farbholzschnitten, die zu den Höhepunkten seines grafischen Schaffens zählen und als herausragende Beispiele expressionistischer Holzschnittkunst gelten.

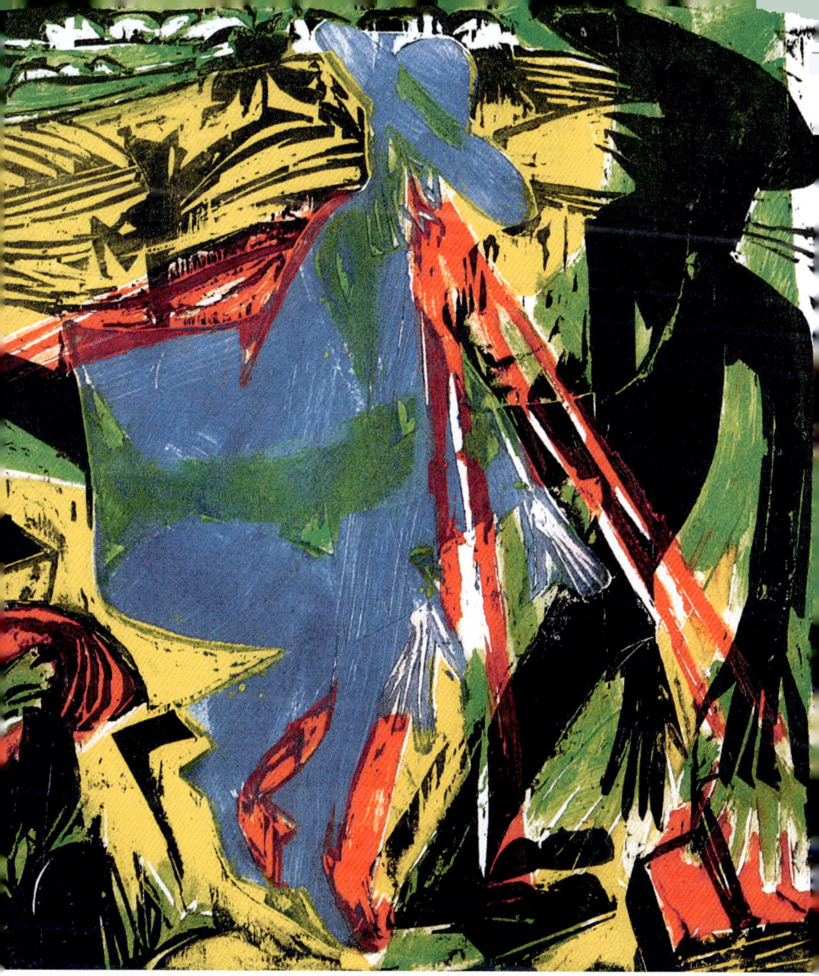

Im Dezember beginnt Kirchners Odyssee durch zahlreiche Sanatorien, angefangen mit dem von Dr. Oskar Kohnstamm in Königstein im Taunus, wo der Künstler zunächst bis zum 20. Januar 1916 bleiben wird, gefolgt von zwei weiteren Aufenthalten im Laufe des Jahres. Die Diagnose lautet „nervöser Erregungszustand“, ausgelöst durch Nikotin- und Alkoholmissbrauch sowie übermäßige Einnahme des Schlafmittels Veronal.

Badeszenen im Brunnenhaus des Sanatoriums in Königstein, 1916, Wandmalereien (zerstört), Höhe zwischen 220 und 440 cm, Farbfotografien von Franz Schilling, Königstein im Taunus, 1926

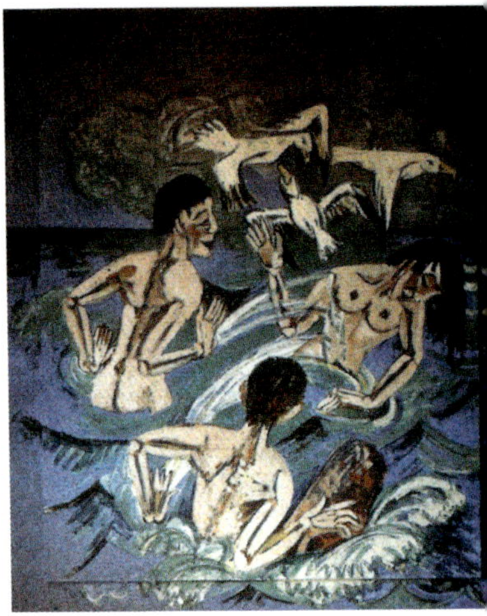

Kirchner schien von Zigaretten und Veronal zu leben.

Die Tochter des Klinikleiters Oskar Kohnstamm über Ernst Ludwig Kirchner, 1915/16

Erna Schillings Lebensgefährte, in den ersten Jahren des Zusammenlebens ihrer Aussage nach ein „kräftiger, gesunder Mann", der „Alkohol geradezu verschmähte", hat sich in einen labilen, medikamenten- und alkoholabhängigen, zutiefst bemitleidenswerten Menschen verwandelt. Trotz allem aber hält Ernst Ludwig Kirchner an seinem künstlerischen Schaffen fest, arbeitet, gequält von Nervenschwäche und Ohnmachtsanfällen, mit fast übermenschlicher Kraft weiter und fertigt im Juni und Juli 1916 – beauftragt durch Dr. Kohnstamm und 1938 durch die Nationalsozialisten zerstört – fünf großformatige Wandgemälde für das Brunnenhaus des Sanatoriums: ein von aggressiven Möwen und schwarz qualmenden Dampfern bedrohtes Badeparadies am Fehmarnstrand.

DER BLICK IN DEN SPIEGEL

Erstmals nimmt der Maler in dieser Zeit physischer und psychischer Zerrüttung auch sein eigenes Spiegelbild intensiver ins Visier. Von 1915 bis 1919 entstehen zahlreiche eindrucksvolle Selbstporträts in Grafik und Malerei, darunter *Der Trinker*,

Kopf des Kranken, Selbstbildnis im Morphiumrausch, Selbstporträt mit tanzendem Tod oder das dramatisch inszenierte *Selbstbildnis als Soldat* mit erloschenen Augen und blutigem Armstumpf der abgeschlagenen rechten Hand. Sie alle zeugen von der existenziellen Verzweiflung des Künstlers, der sich selbst als „furchtbar einsam", „unsicher und gebrochen", als „halb wahnsinnig" und „irrsinnig" charakterisiert und schließlich 1929 resümiert: „Die Kriegsjahre haben mich grausam zugerichtet und ich lebe eigentlich nur noch, weil ich mich an meine Kunst geklammert habe in den schlimmsten Jahren."

Eine Besserung seines besorgniserregenden Zustands – Kirchner klagt schon seit dem Fehmarn-Aufenthalt 1914 über zunehmende Lähmungserscheinungen in den Händen – ist nicht in Sicht. Seine freiwillige Einweisung in das Nervensanatorium von Dr. Karl Edel in Berlin-Charlottenburg im Dezember 1916, der Paralyse aufgrund von Syphilis oder übermäßiger Medikamenteneinnahme diagnostiziert, wird von der Familie unterwandert, die seine Entlassung erwirkt. Man will den Sohn und Bruder nicht in einer „Irrenanstalt" wissen. Es folgt, vermutlich über die Weihnachtstage, ein Besuch bei den Eltern in Chemnitz, danach ist Kirchner wieder zu Hause in Berlin – immer noch am Rande seiner körperlichen und geistigen Kräfte.

„ER IST EINE JAMMERGESTALT, DIE MAN NUR BEDAUERN KANN"

In dieser hoffnungslosen Situation kommt unerwartete Hilfe von außen. Eberhard Grisebach, Philosoph, Geschäftsfuhrer des Jenaer Kunstvereins und mit Ernst Ludwig Kirchner seit der dortigen Einzelausstellung 1914 bekannt, vermittelt einen Aufenthalt im Sanatorium von Dr. Lucius Spengler in Davos.

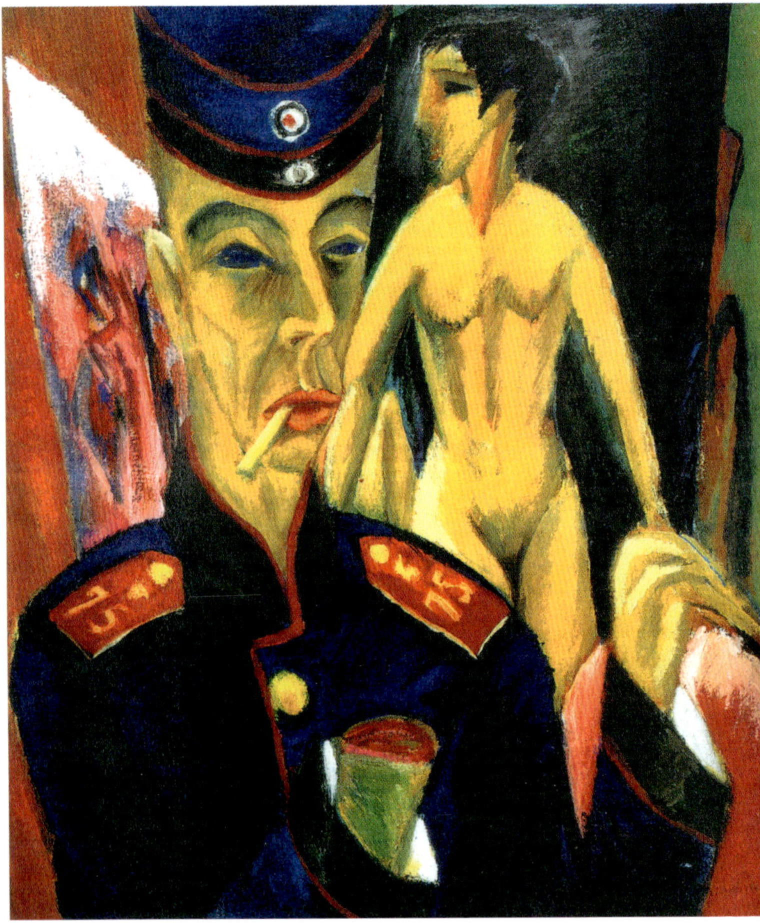

Selbstbildnis als Soldat, 1915, Öl auf Leinwand, 69,2 × 61 cm

Er selbst hat dort fünf Jahre als Tuberkulosepatient zugebracht und Charlotte Spengler, die Tochter seines Arztes, geheiratet. Als er den Schwiegereltern im November 1916 mitteilt, Kirchner müsse schnellstens vom Veronal freikommen, sonst gehe er zugrunde, folgt nur wenige Tage später eine Einladung nach Davos. Doch der geplagte Patient fühlt sich auch in der Zurück-

Beim Abschied dachte ich an van Goghs Schicksal, das sich später oder früher auch an ihm erfüllen wird.

Eberhard Grisebach, der Geschäftsführer des Jenaer Kunstvereins an seine Schwiegermutter Helene Spengler, 23. März 1917

gezogenheit der Schweizer Berge nicht wohl, wo ihm das schädliche Medikament entzogen wird und ein bitterkalter Januar ihn an Haus und Bett fesselt. Er reist zurück und ahnt noch nicht, dass ihm der Schweizer Kurort bald für den Rest seines Lebens zur Heimat werden soll.

Doch damit nicht genug: Am 9. April stirbt sein Mentor und Freund Botho Graef, ein Archäologe und Kunsthistoriker, den er anlässlich einer Ausstellung seiner Werke in Jena kennengelernt hatte, im Alter von nur 40 Jahren an einem Herzinfarkt. Der Maler ist tief erschüttert und kehrt unter dem Eindruck dieses schmerzlichen Verlustes, von Todessehnsucht geplagt und nur noch ein Schatten seiner selbst, Anfang Mai 1917 reumütig nach Davos in die Obhut von Lucius Spengler zurück. Die erhoffte Besserung seines erbärmlichen Zustandes aber bleibt aus, nicht zuletzt durch den Künstler selbst herbeigeführt, der in quälender Angst, noch einmal zum Fronteinsatz eingezogen zu werden, einen Großteil seiner Essensration verschwinden lässt und sich kaum mehr auf den Beinen halten kann.

In diesem besorgniserregenden Zustand bezieht Kirchner im Sommer in Begleitung seiner Pflegerin eine kleine Sennerhütte auf der Staffelalp in fast 2000 Metern Höhe, wo er bei Bettlägerigkeit, depressiven Schüben und einer anhaltenden Lähmung seiner Beine und Hände auf Besserung hofft. Der Jugendstilarchitekt Henry van de Velde, im Auftrag der Reichsregierung unterwegs, ist entsetzt ob des „abgemagerten Men-

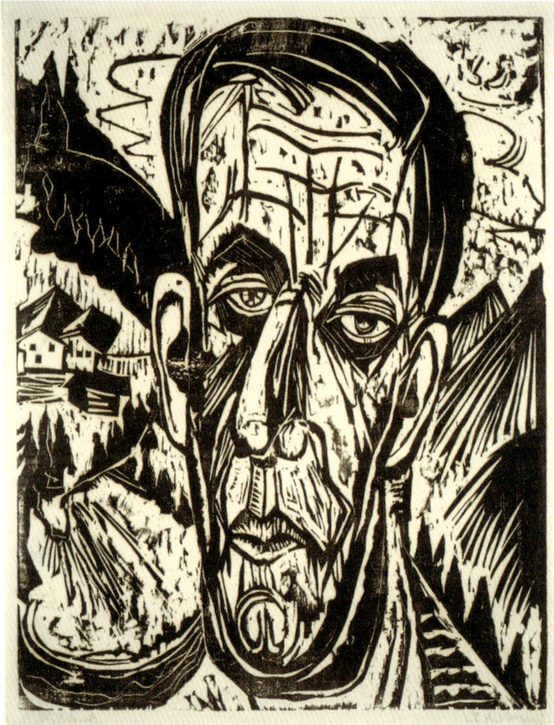

Kopf van de Velde, hell, 1917, Holzschnitt, 58 × 41,8 cm

schen mit stechendem, fiebrigen Blick, der den nahen Tod vor Augen [sieht]“. Auf sein Anraten begibt sich Ernst Ludwig Kirchner im September erneut in Behandlung und besucht das Sanatorium des europaweit bekannten Psychiaters Dr. Ludwig Binswanger in Kreuzlingen am Bodensee, wo auch Erna Schilling für einige Wochen zugegen ist und zahlreiche Besucher einkehren, darunter auch van de Velde und seine Tochter Nele, mit der Kirchner Freundschaft schließt und einen regen Briefwechsel führen wird. Wie schon auf der Staffelalp schneidet der Künstler auch hier zahlreiche Motive in Holz, der einzigen Technik, die er mit seinen unbeweglichen Händen mühsam bewältigen kann.

Rückzug nach Davos

Anfang Juli 1918 wird der Künstler aus der ärztlichen Behandlung entlassen und zieht mit Erna Schilling, die sich in der Zwischenzeit in Berlin um die geschäftlichen Angelegenheiten ihres Lebensgefährten gekümmert hat, erneut ins Hochgebirge. „Augenblicklich bin ich mit meiner Frau auf der Alp", schreibt er an Gustav Schiefler. „Der Empfang durch die Alpbewohner war rührend. Alle helfen mir nach Kräften. Ich muß arbeiten, denn ich weiß nicht, wie lange ich es noch kann. Ein solches Leben, wie ich es jetzt führe, verpflichtet. Meine Frau stützt mich mit allen ihren Kräften."

Es ist wunderbar hier oben. Berge und Menschen haben eine reinigende Wirkung auf mich.

Ernst Ludwig Kirchner an den Winterthurer Sammler Georg Reinhart, 3. August 1918

Ganz allmählich kommt der gequälte Mann in der Abgeschiedenheit der alpinen Bergwelt zur Ruhe, gewinnt – vor allem nach Kriegsende im November 1918 – zunehmend an innerem Gleichgewicht. Seine Gesundung schreitet trotz immer wieder auftretender Schmerzen in den Gliedmaßen voran, und mithilfe von Helene Spengler kann er sich sukzessive von seiner Morphiumsucht befreien.

Zunächst wohnt er wieder in der kleinen Hütte auf der Staffelalp, die er auch in den folgenden Jahren als Sommerdomizil nutzen wird, bevor er im Herbst ein Bauernhaus der Hofgruppe „In den Lärchen", wenige Hundert Meter talabwärts, noch oberhalb von Frauenkirch bezieht. Abseits des Davoser Kurbetriebs,

> **[…] Kirchner war seit Hodler der erste Maler, der die Berge in neuer Form gestaltete.**
>
> Ernst Ludwig Kirchner unter dem Pseudonym Louis de Marsalle im Katalog *Ausstellung der Graphik von E. L. Kirchner*, Galerie Aktuarius, Zürich 1927

fernab der nervenaufreibenden Hektik und schnelllebigen Vergnügungen der Großstadt, des Ausstellungsbetriebes und der Sammler, Kollegen und Freunde führt er in den nächsten Jahren ein zurückgezogenes Leben inmitten der kargen Bergnatur und ihrer hart arbeitenden Bewohner. „Ich bin sehr froh und glücklich *hier* zu sein und zu bleiben. Hier kann ich wenigstens an den guten Tagen etwas arbeiten und ruhig unter diesen einfachen und guten Menschen sein", schreibt er am 5. Juli 1919 an Henry van de Velde.

„VIOLETT ZU MALEN REIZT MICH JETZT UNGEHEUER."

Unmittelbar vor der Haustür findet er ein „reiches Feld" für seine Malerei und beginnt „eine neue Art des Sehens und Schaffens an der Hand des Erlebnisses der Berge." Neben Szenen aus dem kargen Lebensalltag der Bauern und Darstellungen des Alplebens im Rhythmus der Tages- und Jahreszeiten wird die Hochgebirgslandschaft zu einem wichtigen Motiv. Die gewaltigen Felsmassive – nicht selten mit dem Wahrzeichen des im Süden des Davoser Tals emporragenden Tinzenhorns in seiner typischen Kegelform – bilden den Mittelpunkt monumentaler Gemälde sowie zahlreicher Zeichnungen, Aquarelle und Druckgrafiken. Während sich die Werke stilistisch noch kaum von den Straßenszenen der Berliner Zeit unterscheiden, ändert sich unter dem Eindruck der Berge im Wechsel der Jahres- und Tageszeiten – bei Schnee und Eis, bei Mondaufgang, Abendrot und Morgendämmerung – Kirchners Farbgebung. Kühles Blau sowie sensibel nuancierte Rosa-, Pink-, Violett- und Lavendeltöne halten nun Einzug in seine Farbpalette und bilden das charakteristische Kolorit der Davoser Jahre.

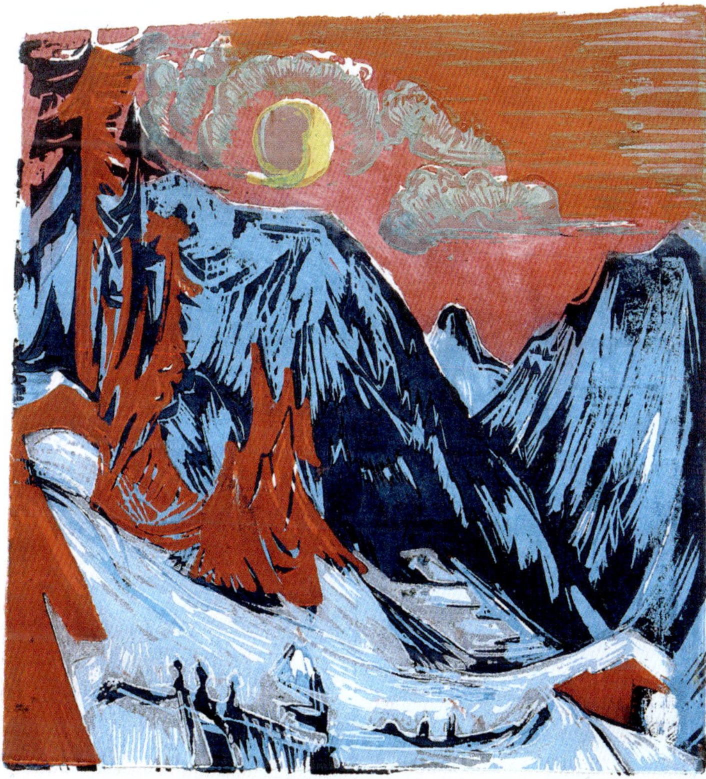

Wintermondnacht, 1919, Farbholzschnitt, 47,9 × 33 cm

So auch in der *Wintermondnacht* von 1919. Vom gefrorenen Fenster seiner Hütte aus beobachtet Ernst Ludwig Kirchner in den frühen Morgenstunden des 20. Januar 1919 ein sensationelles Naturschauspiel, das zur Initialzündung für einige seiner Hauptwerke dieser Periode wird: „Heute früh vor Sonnenaufgang war ein herrlicher Monduntergang, die Berge ganz blau, der Himmel rötlich violett mit rosa Wölkchen und der gelbe sichelnde Mond. Es war einfach toll schön, aber wahnsinnig kalt. Oh wenn man das malen könnte. Man kann es ja

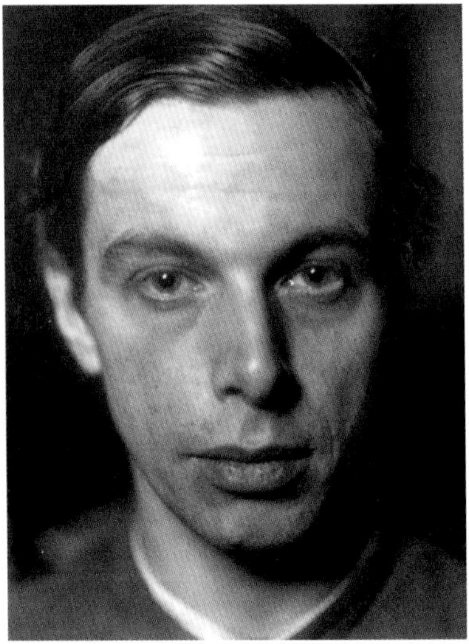

Selbstporträt, um 1919

leider mit diesen schrecklichen Farben nicht wiedergeben." Er versucht es dennoch und setzt die magische Farbigkeit des Naturereignisses in einem eindrucksvollen Ölgemälde und einer Reihe fulminanter Holzschnitte künstlerisch um. Geradezu meisterhaft variiert er seinen Bildgegenstand in unterschiedlichen, fast surreal anmutenden Stimmungen – mit glühendem Himmel in Pink oder Orange, mit kristallklarem Weiß oder eisigem Hellblau für die Schneeflächen im Vordergrund, mit frostig blauen Bergen und orangeroten bis tiefbraunen Tannen. Es sind die ersten Blätter, die der Künstler auf seiner schon lange sehnsüchtig erwarteten Druckerpresse fertigen kann, die im Januar 1919 aus Berlin angeliefert worden ist.

Wie schon zuvor widmet sich Kirchner auch hier der Gestaltung seiner Wohn- und Arbeitsräume. Immer noch inspiriert von der Kunst exotischer Völker, aber auch den Eindrücken der unmittelbaren Graubündner Umgebung, verwandelt er das schlichte Bauernhaus in seinen ganz persönlichen, reich ausgestatteten Rückzugsort: mit selbst entworfenen Decken, Teppichen und Wandteppichen, eigens geschnitzten Haushaltsgegenständen, Stühlen mit großen Relieffiguren und einem schweren, reich geschnitzten Türrelief aus Arvenholz – die eine Seite, der *Tanz zwischen den Frauen* mit drei von Himmelszeichen umgebenen, im kosmischen Raum schwebenden

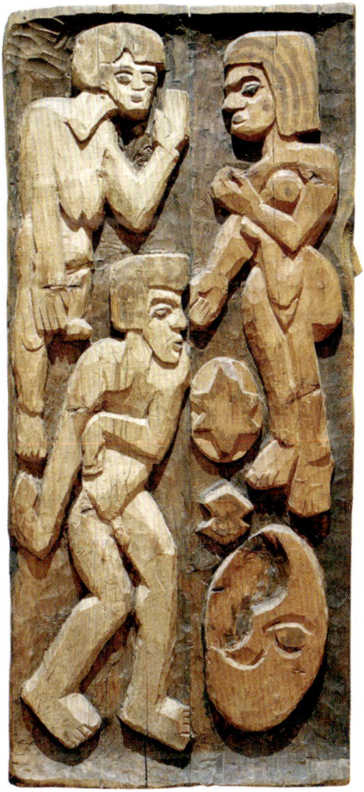

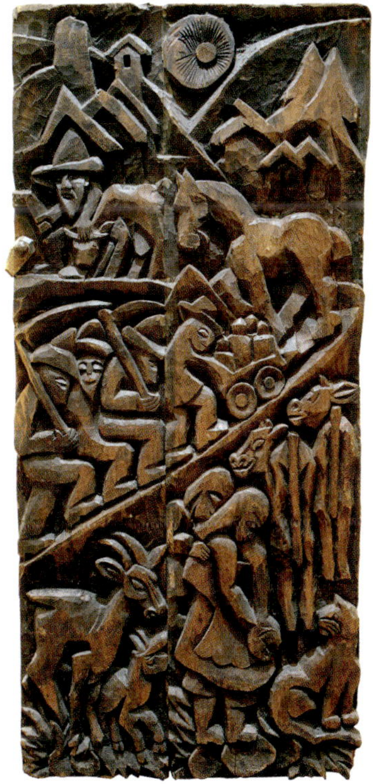

Tanz zwischen den Frauen und **Alpaufzug**, 1919, doppelseitiges Relief aus zwei seitlich zusammengefügten Brettern, Holz, 172 × 80 × ca. 12 cm

Aktfiguren, die andere Seite – ganz geerdet und im Zeichen der neu entdeckten Bergwelt – ein sommerlicher *Alpaufzug* mit vielen Tieren auf dem Weg zu ihren Weideplätzen, gesehen von der Talseite mit Blick auf den Berg.

ERNA SCHILLING: FRAU KIRCHNER

Darüber hinaus arbeitet Kirchner im November 1919 fast unermüdlich an einem hölzernen Bett für seine in Berlin weilende Lebensgefährtin. Ob er mit diesem aufwendigen Geschenk etwas gutmachen möchte? Verwunderlich wäre es nicht, stand doch die letzte Zeit des Zusammenlebens vor Schillings Abreise

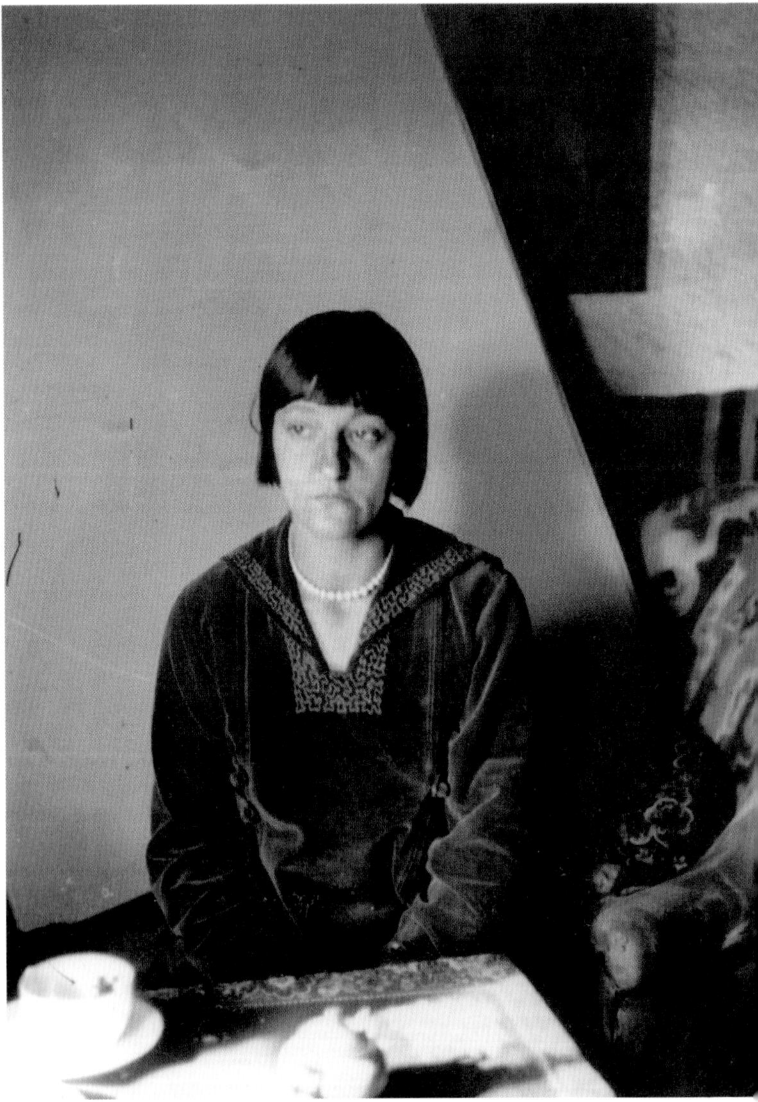

Erna Schilling im Haus „In den Lärchen", um 1919/23

> **Aus dem rein erotischen Verhältnis der Frühzeit zum Weibe wurde das kameradschaftliche, das der Zweieinheit.**
>
> Ernst Ludwig Kirchner, *Davoser Tagebuch*, Sommer 1925

Ende Oktober im Zeichen von Zank und Streit, gegenseitiger Vorwürfe und Unverständnis: „Das Weib quält mich, wann wird es zu Ende sein. Auch für sie wird es gut sein …"

Kirchners langjährige Lebensgefährtin – am Anfang Geliebte, Muse und Modell – ist inzwischen die rechte Hand des Künstlers, führt nicht nur den gemeinsamen Haushalt, sondern verwaltet auch das Berliner Atelier, ist zuständig für Korrespondenz, Verkauf und Organisation seiner Ausstellungen und hat seit 1918, der Zeit der größten seelischen und körperlichen Krise des schreibunfähigen Künstlers, eine umfassende Unterschriftsvollmacht – schon lange signiert sie Schriftstücke als Erna Kirchner. Das alles ohne die Legitimation durch die Ehe, finanziell abhängig, letztendlich nur als Gast in seinem Hause, jederzeit „kündbar". Nun drängt sie – auch vor dem aktuellen Hintergrund ständiger behördlicher Probleme bei der Einreise in die Schweiz – auf eine offizielle Eheschließung.

Der Künstler ist wenig begeistert, die bürgerliche Institution der Ehe keinesfalls in seinem Sinne. Und so sehr er seine Erna bereits kurz nach ihrer Abreise vermisst und sie später auch in manchen Briefen mit säuselnden Worten umgarnt, seine Tagebücher aus dem nervenzerreibenden Sommer 1919 sprechen eine andere, oft wenig schmeichelhafte Sprache: Er empfindet seine Partnerin als zu unordentlich, als „geistig zu schwach"

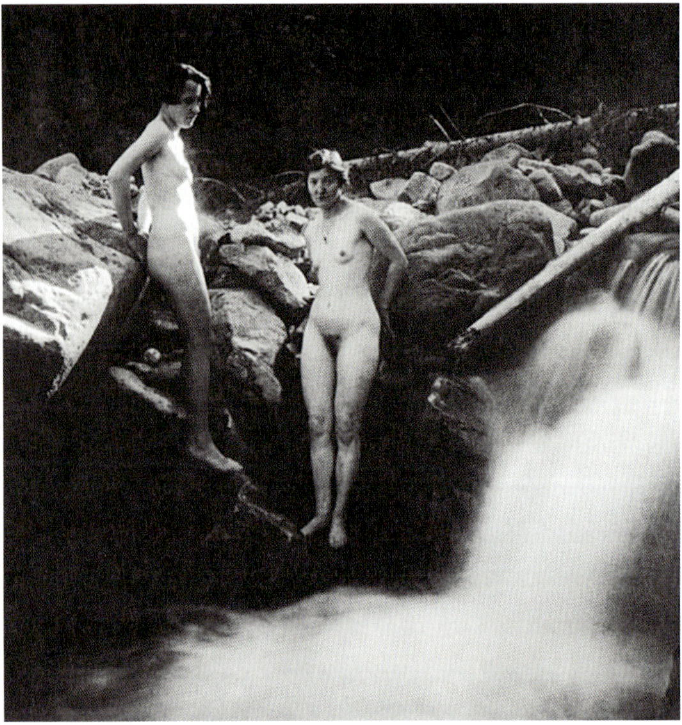

Nina Hard und Erna Schilling beim Baden im Sutzibachtobel, 1921

und „ordinär", bezeichnet sie als „Marktweib" mit „Zillebeinen" und fragt sich: „Muss das bissel Coitus wirklich sein? Aber wo finde ich den Menschen, dem ich verstehend restlos mich geben kann?"

MÉNAGE-À-TROIS

1921 ist es dann so weit. Dass eine blutjunge, attraktive Tänzerin ins Haus kommen soll, kann Erna Kirchner ganz und gar nicht gefallen. Ihr Mann aber, der Nina Hard bei einem mehrtägigen Aufenthalt in Zürich auf der kleinen Bühne eines Nachtlokals gesehen und sogleich nach Frauenkirch eingeladen hat, lebt auf. „Kirchner war heute in Zürich", schreibt

Ernst Ludwig Kirchner vor dem Haus „In den Lärchen“, 1923

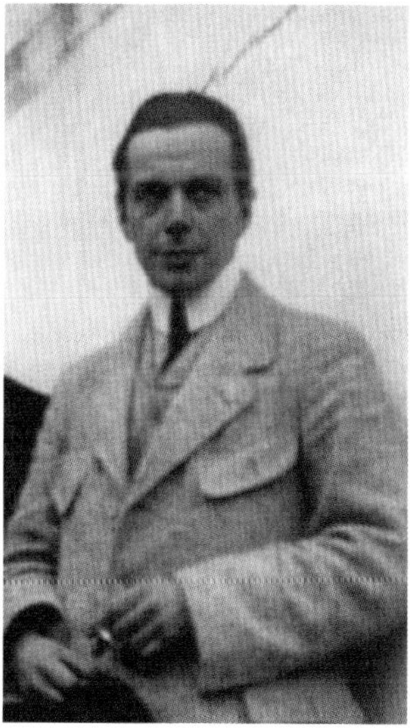

Helene Spengler an ihren Schwiegersohn, „er kam strahlend, weil er eine Tänzerin gefunden hat, die ihm tausend Ideen für Bilder gab. Frau Kirchner war gerade hier, als er kam und war minder begeistert über den Fund. Er will nächste Woche nochmals hinunter, weil ihr Engagement bald abläuft! Er hätte sie gern als Gast, aber noch ist seine Suleika völlig abgeneigt.“ Ende Mai 1921 trifft Nina Hard in Frauenkirch ein, im Juni reist Kirchners Lebensgefährtin „im Interesse des Ateliers“ nach Berlin, um den endgültigen Umzug vorzubereiten. Nina Hard bleibt und wird für einen Sommer seine Muse, gibt ihm Inspiration für Bilder und zahlreiche Zeichnungen, Skizzen und Fotografien. „Sie hat einen sehr schön gewachsenen Körper“, äußert der Künstler, „[...] so hatte ich wieder einmal Gelegenheit, das lang entbehrte Studium des Nackten in freier Natur wieder aufzunehmen.“

Als Erna im August zurückkommt, scheint sie sich mit der Situation zu arrangieren – eine Reihe von Fotografien des Künstlers zeigt beide Frauen einvernehmlich in fröhlich gelöster Stimmung beim Baden im Tobel des Sutzibachs. Nina Hard bleibt eine Episode. Am 21. September gibt es noch eine Tanzaufführung im Sanatorium Clavadel, für die Kirchner das Bühnenbild entwirft, danach ist der „Spuk“ so schnell vorbei, wie er begonnen hat. Die Tänzerin verschwindet aus Kirchners Leben ebenso plötzlich, wie sie gekommen ist.

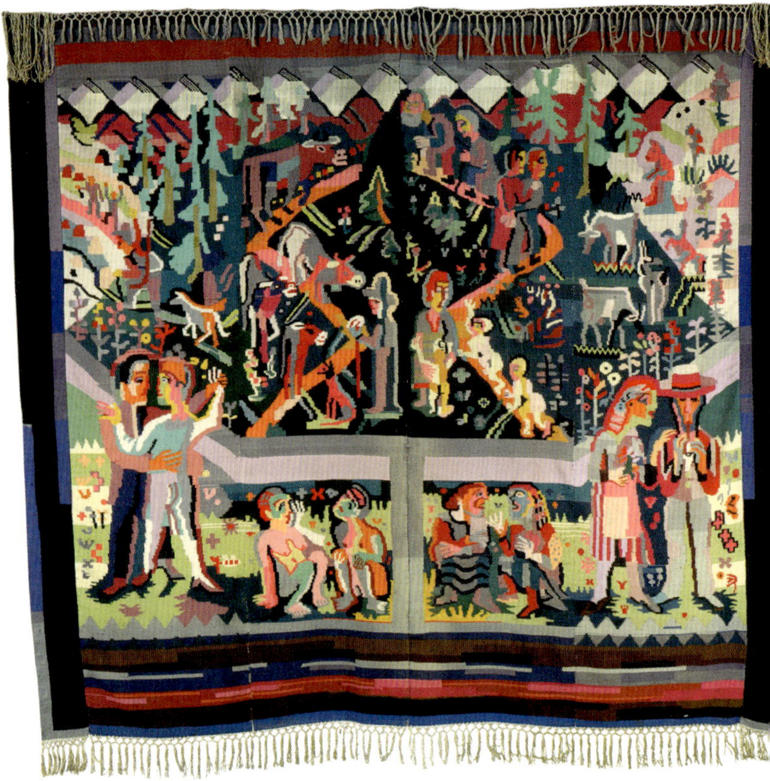

Das Leben, Hagemann-Teppich, 1927/28, Bildteppich, verzahnte Wirkerei mit Leinenkette und farbigem Wollschuss, aus vier Bahnen bestehend, zusammengenäht, 265 × 289 cm

WEBARBEITEN MIT LISE GUJER

1922 lernt Kirchner eine weitere Frau kennen, die jedoch zur Freundin und langjährigen künstlerischen Weggefährtin wird. Die junge, gebildete Lise Gujer ist ein wahrer Glücksfall. Sie lebt in einem alten Bauernhaus im Nachbardorf Clavadel, hat sich selbst auf einem Bündner Bauernwebstuhl das Weben beigebracht und wird in den folgenden Jahren zahlreiche Bildteppiche und Kissen nach Entwürfen des Künstlers fertigen.

Der Auftakt der Zusammenarbeit allerdings ist zunächst wenig gelungen: „Fräulein Gujer hat die Wandbespannung fertig gewebt", schreibt Kirchner am 12. September 1923 in sein Tagebuch. „Schade, dass der Hanfzeddel alle Farben grau macht. Das ist das letzte Stück mit ihm [dem Fräulein Gujer]. Es geht nicht so weiter, da alles in Grau ertrinkt. [...] Ich muss ihr energisch ins Gewissen reden." Es braucht zwei Jahre und zahlreiche Versuche, bis ein 1924 fertiggestellter Teppich mit dem Motiv zweier Tänzerinnen den uneingeschränkten Zuspruch des Künstlers findet. Gujer hat es geschafft, die Kettfäden vollständig hinter den Wollfäden verschwinden zu lassen und so die vom Künstler gewünschte, strahlend reine Farbigkeit hervorzubringen. Das Ergebnis hält Kirchner für so gelungen, dass er den Webteppich zur bedeutenden Kunstgewerbeausstellung *Exposition des Arts décoratifs* nach Paris schickt.

Die Arbeitsweise des Teams geht fortan Hand in Hand, Gujer erhält immer mehr Freiheiten bei der Umsetzung von Kirchners Entwürfen. So auch bei dem Türvorhang für den Industriellen Carl Hagemann, einen Sammler und Förderer des Künstlers. Der monumentale Bildteppich beinhaltet eine komplexe vielfigurige Ikonografie des bäuerlichen Lebensweges zwischen Geburt und Tod. Während der Künstler selbst in seiner Beurteilung verhalten ist – dieses Mal sind ihm die Farben zu grell und kraftvoll, die Umsetzung zu weit entfernt von seinen Entwurfszeichnungen –, ist der Auftraggeber begeistert und wendet sich direkt an Lise Gujer: „Ich wollte Ihnen hierdurch meinen herzlichsten Dank aussprechen für die grosse Mühe, die Sie sich gemacht haben, die zu so einem herrlichen Kunstwerk wurde, wie es kaum noch ein zweites auf dem Gebiete der Weberei wieder zu finden ist. [...] Die Leuchtkraft und die ganze Komposition sind so erstaunlich, dass viele der Bilder dagegen verblassen und sich nur schwer dagegen halten können." Die anspruchsvolle Webarbeit – mit den Maßen 265 × 289 Zentimeter die zweitgrößte in Kirchners Werk – erlangt unter dem Namen „Hagemann-Teppich" einige Bekanntheit.

ERFOLGREICHE JAHRE

Doch zurück in das Jahr 1923. Die Krise mit Erna hat sich beruhigt, die Lebensgefährtin siedelt endgültig nach Davos über, und das Paar bezieht gemeinsam das Haus „Auf dem Wildboden" am Eingang zum Sertigtal auf der anderen Talseite von Frauenkirch. „Unser neues Häuschen ist eine wahre Freude für uns. [...] Dies soll wirklich ein Wendepunkt meines Lebens werden. [...] das Häuschen selbst so einfach und schlicht wie nur möglich ausgestattet, aber schön und intim."

Die nächste Zeit ist geprägt von künstlerischen Erfolgen, einer erneuten aktiven Teilnahme am Kunstgeschehen, der intensiven Pflege wichtiger Kontakte und zahlreicher Besucher in der einstigen Zurückgezogenheit. Im Davoser Freundeskreis um den Schriftsteller Jakob Bossart lernt Kirchner 1922 den Sanatoriumsarzt Dr. Frédéric Bauer kennen, der nach einem Bruch mit der Familie Spengler nicht nur seine medizinische Betreuung übernimmt, sondern sich im Laufe der Jahre zu einem seiner bedeutendsten Sammler entwickelt. Gustav Schiefler – der Freund, Förderer und Samm-

[...] es erfüllte mich mit grosser Freude, wie diese jungen Künstler auf meine Arbeit eingingen.

Ernst Ludwig Kirchner in seinem Aufsatz „Die neue Kunst in Basel", in: *Das Kunstblatt*, Heft 9, 1926

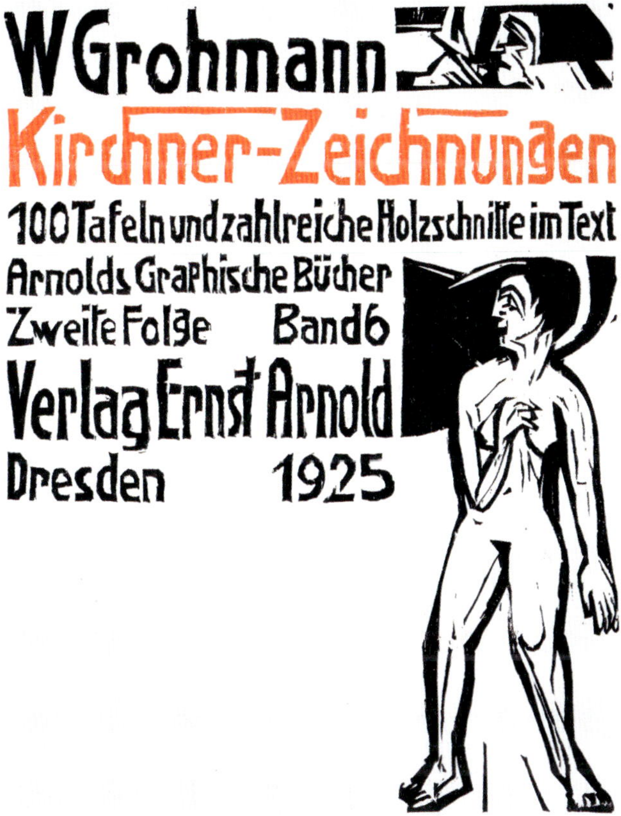

Titelbild der Publikation **Kirchner-Zeichnungen** von Will Grohmann, Farbholzschnitt, 17 × 13,3 cm, 1925

ler seiner Kunst – ebenso wie der junge Kunsthistoriker Will Grohmann kommen zur Vorbereitung monografischer Publikationen nach Davos, die Zeitschrift *Das Kunstblatt* veröffentlicht 1923 ein Sonderheft über Kirchner, und eine Reihe wichtiger Galerieausstellungen in Hamburg, Frankfurt und Berlin sowie eine Überblicksausstellung im Kunstmuseum Winterthur widmen sich Kirchners Werk.

Ein weiterer Höhepunkt für Kirchner ist seine Einzelausstellung in der Kunsthalle Basel vom 3. bis zum 24. Juni 1923, wo er unter anderem die jungen Künstler Hermann Scherer, Albert Müller und Paul Camenisch kennenlernt, die sich in der Silvesternacht 1924/25 zur Künstlergruppe Rot-Blau zusammenschließen. In dieser neuen Schülerschaft, die dem Werk des älteren Kollegen mit Bewunderung begegnet und bei ihm in Frauenkirch tätig ist, findet Kirchner für kurze Zeit noch einmal fruchtbare Impulse in einer Gemeinschaft, deren künstlerisches Vorbild er ist. Hermann Scherer tritt in der Holzbildhauerei mit kraftvollen, großformatigen Skulpturen hervor, die in ihrer expressiven Prägung zwar Kirchners Vorbild durchblicken lassen, aber durch die Komplexität ihrer ineinander verschlungenen Figuren durchaus Individualität zeigen, die in das Werk des Lehrers zurückfließt. Unter diesem Eindruck wiederholt sich ein altbekanntes Verhaltensmuster: Kirchner fühlt sich ausgenutzt und in seiner Vorreiterrolle nur ungenügend gewürdigt. „Er ist ein sklavischer Nachahmer meiner Arbeiten. [...] Was mache ich nun? Solche Schüler will ich nicht. [...] Für mich hat niemand etwas übrig, sie nehmen nur. [...] Es ist immer dasselbe, ob in Brücke oder hier." Bei dieser Tagebuchnotiz im März 1925 ahnt er noch nicht, dass Scherer bereits im Dezember 1926 und Albert Müller, inzwischen freundschaftlich mit ihm verbunden, im Mai 1927 sterben werden. Kirchner wird beide Künstler ungeachtet seiner vorherigen Äußerungen mit einem Nachruf würdigen und die Verbreitung ihres jeweiligen Werks auch weiterhin fördern.

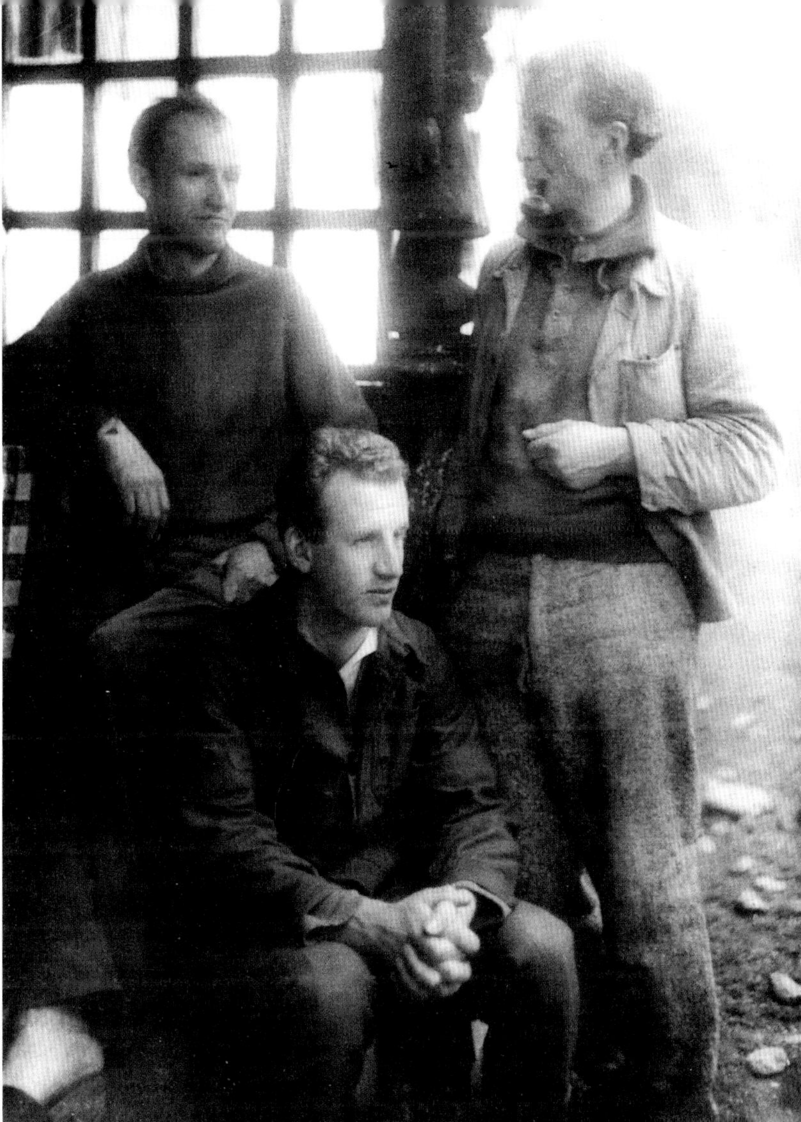

Hermann Scherer, Paul Camenisch und Ernst Ludwig Kirchner
auf der Veranda vor dem Wildbodenhaus, Juli 1926

Das Kirchner Museum in Davos

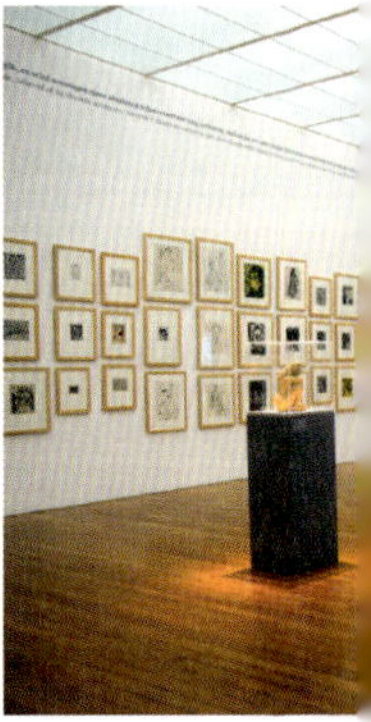

Die Geschichte des Kirchner Museums geht bis in die 1960er-Jahre zurück, als der Schweizer Galerist und Kunstsammler Eberhard W. Kornfeld das letzte Wohnhaus des Künstlers „Auf dem Wildboden" erwarb und dort seine Sammlung der Öffentlichkeit zugänglich machte. Er war maßgeblich am Aufbau des ersten Museums beteiligt, das 1982 sein Domizil im alten Postgebäude in Davos Platz erhielt.

Dass am 4. September 1992 ein Neubau des Hauses eröffnet werden konnte, ist dem Kunsthändler Roman Norbert Ketterer und seiner Frau Rosemarie zu verdanken, die den Bau stifteten und mit zahlreichen Schenkungen aus ihrem Privatbesitz sowie dem Nachlass die Sammlung maßgelblich erweiterten. Die Stifterfamilie unterstützt das Museum auch heute noch.

Der lichtdurchflutete, kristalline Baukörper aus Glas, Beton, Stahl und Holz war der erste Großauftrag der Züricher Architekten Annette Gigon und Mike Guyer – in der nüchternen, konsequenten Bauweise eine architektonische Meisterleistung, die dem Team einige Bekanntheit einbrachte, Standards in der internationalen Museumsarchitektur setzte und 2012 den höchstdotierten Schweizer Architekturpreis erhielt.

Vier geräumige Kuben mit mehrfach gefiltertem Tageslicht bieten den Werken einen großzügigen und würdigen Rahmen, während eine weitläufige, mit großen Fensterfronten ausgestattete Wandelhalle Ausblicke in die Davoser Bergland-

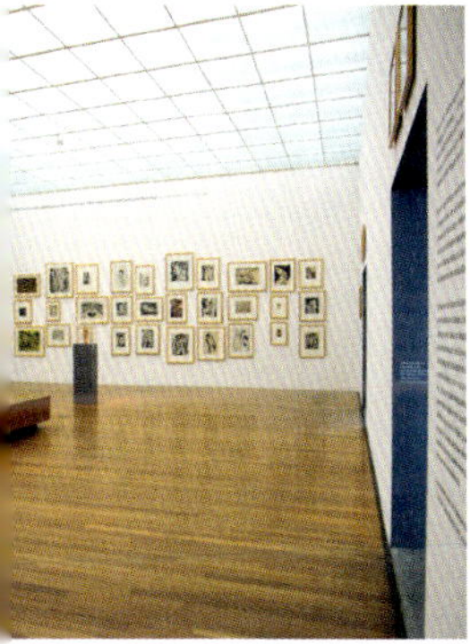

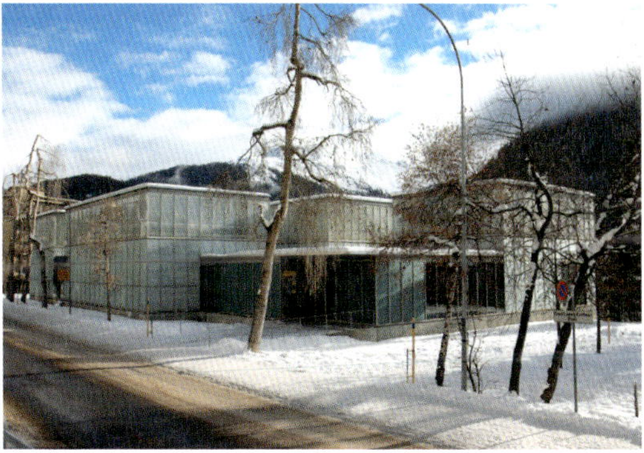

schaft gewährt, die Kirchner zu einer Vielzahl von eindrucksvollen Bildern anregte.

Mit mehr als 1500 Gemälden, Skulpturen, Zeichnungen, Druckgrafiken und textilen Arbeiten, 160 Skizzenbüchern sowie einem riesigen Konvolut von Zellulose-Negativen und Vintage Prints beherbergt das Haus eine weltweit einzigartige Sammlung des Künstlers aus allen Schaffensperioden. Flankiert wird sie durch Werke von Weggefährten und weiteren Protagonisten der Klassischen Moderne, darunter Erich Heckel, Karl Schmidt-Rottluff und Otto Mueller, Wassily Kandinsky, Alexej von Jawlensky und Max Beckmann.

Das Museum versteht sich aber nicht nur als Schauraum für die ständige Sammlung und temporäre Ausstellungen zu historischen und aktuellen Positionen, sondern – mit seinem umfangreichen Archiv und seiner Bibliothek – auch als Ort der Expressionismus-Forschung und wissenschaftlichen Auseinandersetzung mit dem Werk Ernst Ludwig Kirchners.

Ein neuer Stil

Der Einfluss der Webkunst führt im Werk des Künstlers zu einer malerischen Neuorientierung, die er selbst als „Teppichstil" bezeichnet. Komplizierte räumliche Verspannungen mit Diagonalen oder Überschneidungen fallen nun weg zugunsten einer neuen Flächigkeit des Bildgefüges. Ein die gesamte Leinwand überziehendes Muster von bildparallel angeordneten

Bohème moderne, 1924, Öl auf Leinwand, 124,6 × 165,4 cm

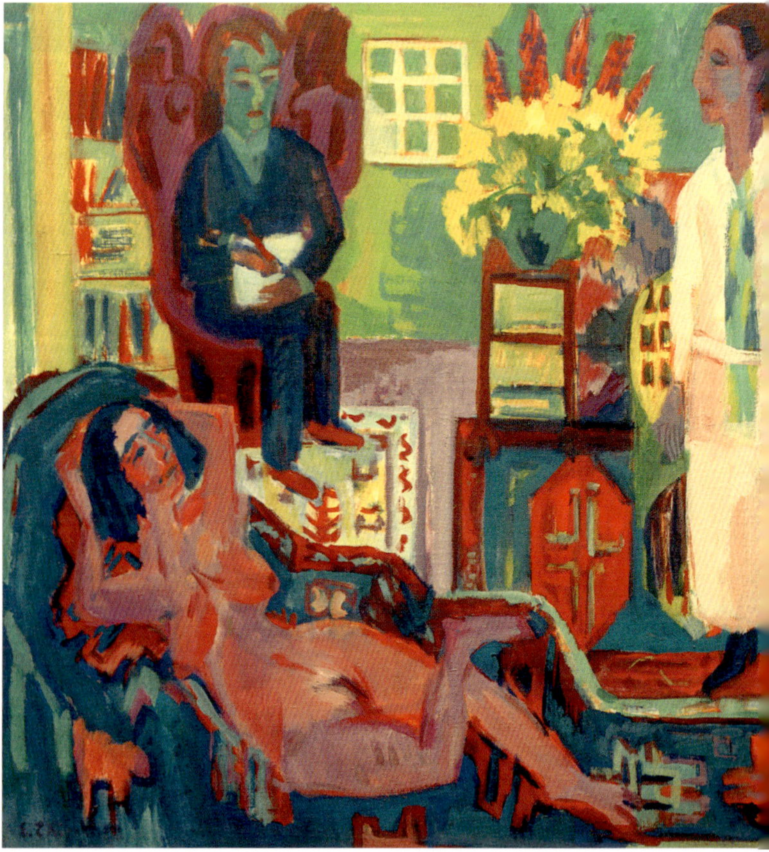

Elementen leitet die dekorative Spätphase des Œuvres ein. *Bohème moderne* – ein Blick in Kirchners Atelier im Wildbodenhaus, variiert als Kreidezeichnung, Aquarell, großformatiger Holzschnitt und monumentales Ölgemälde – entsteht anlässlich eines Besuchs des Ehepaars Grohmann im April 1924. Mit seinem horizontal und vertikal gestaffelten, fast ornamentalen Bildaufbau und den gleichsam in die Bildfläche hochgeklappten Teppichen ist es ein hervorragendes Beispiel für Kirchners erneuten Stilwandel und ein Schlüsselwerk jener Periode.

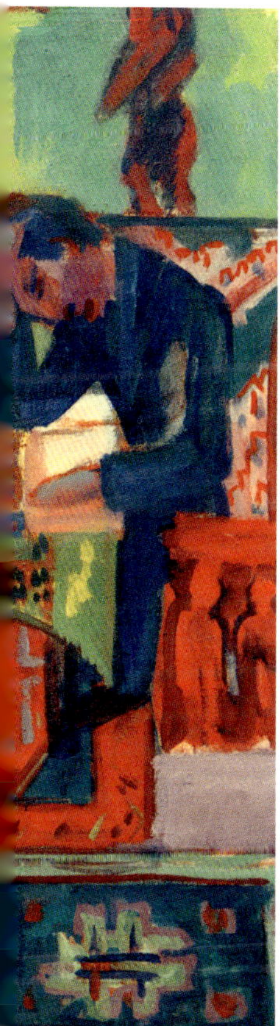

REISE NACH DEUTSCHLAND

„Meine Angst vor meinem Vaterlande muss ein Ende haben." Diese programmatischen Worte äußert der Künstler im Oktober 1925 und tritt wenig später, am 18. Dezember, nach Jahren im Schweizer Exil, seine erste Reise in die Heimat an. Über Zürich und Basel fährt er nach Frankfurt, um in der Galerie Schames eine Ausstellung seiner Werke zu sehen, und besucht zum Jahreswechsel erstmals nach langer Zeit seine inzwischen 74-jährige Mutter in Chemnitz, bevor er über Dresden und das „öde" Berlin weiterreist. Begegnungen mit den Ausdruckstänzerinnen Mary Wigman und Gret Palucca lassen in zahlreichen Zeichnungen noch einmal das Tanzmotiv anklingen. Am 2. März 1926 ist Kirchner wieder zurück in Davos, bevor er bereits im Juni zusammen mit Albert Müller erneut nach Deutschland aufbricht, um in Dresden die *Internationale Kunstausstellung*

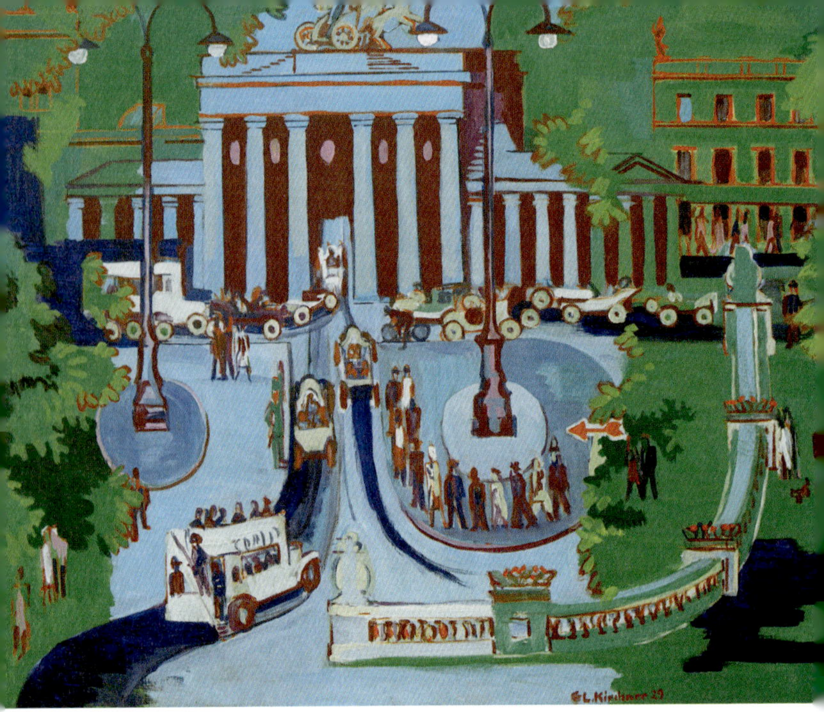

Brandenburger Tor, Berlin, 1926(?), Öl auf Leinwand, 121 × 149,5 cm

zu besuchen. 1929 und 1931 werden weitere Aufenthalte folgen.

Der Deutschlandbesuch hat erneut das Interesse des Künstlers an Stadtansichten und Straßenszenen geweckt und lässt das vielfach durchdeklinierte „Erlebnis der Berge" in den Hintergrund treten. Der Frankfurter Dom und die Chemnitzer Fabriken werden auf die Leinwand gebannt, ebenso das Brandenburger Tor – eine von tiefenräumlicher Spannung völlig befreite, flächenhaft-dekorative Darstellung. Die einstmals aufgewühlte und emotionsgeladene Drastik der früheren Stadtansichten ist einer beruhigten Formensprache mit klar strukturiertem, fast kulissenhaftem Bildaufbau gewichen.

„VISIONÄRE GESTALTUNGEN"

Die Reise hat neue Sichtweisen in Gang gesetzt, wird zum Auslöser für einen weiteren Stilwandel, der ab 1927 einsetzt. Beim Besuch zahlreicher Ausstellungen und Museen, bei Treffen mit Künstlern, Kuratoren und Kritikern hat Kirchner einen aktuellen Überblick über die jüngsten Entwicklungen des Kunstgeschehens gewonnen und schnell erkannt, dass der Expressionismus längst der Vergangenheit angehört. Dada, Bauhaus, Neue Sachlichkeit und ungegenständliche Tendenzen bestimmen die kunsttheoretische Diskussion der Stunde. Kirchner wäre nicht Kirchner, setzte er nicht alles daran, einer Etikettierung als „gestriger" „Brücke"-Expressionist zu entgehen und sein Werk im Kontext der internationalen Avantgarde gut zu positionieren. Dazu bedient er sich seit 1920 des eigens erfundenen französischen Kunstkritikers Louis de Marsalle. Unter diesem Pseudonym schafft sich Kirchner das theoretische Fundament seiner Kunst, das auch den zentralen Begriff der Hieroglyphen beinhaltet – als Zeichen, die „Naturformen in einfachere Flächenformen bringen".

„Um 1926", schreibt de Marsalle anlässlich einer umfangreichen Kirchner-Retrospektive in der Kunsthalle Bern 1933, „sammelt sich das Talent Kirchners wieder zu einer neuen Leistung, indem er alles früher erreichte zusammennimmt und in einer Technik, die sich in ihrer Einfachheit der der Frühwerke nähert, visionäre Gestaltungen hervorbringt. [...] So bringt Kirchner heute mit seinen neuen Werken nur mit originalen, vorläufig ihm allein gehörenden Mitteln den Anschluss der heutigen deutschen Kunst an das international moderne Stilempfinden zustande [...]." Von der erlebten Realität, die ihm in der Vergangenheit immer unmittelbare Anregung zum

Schaffen war, löst sich der Künstler nun mehr und mehr in Richtung Abstraktion, entwickelt einen dekorativen Linienstil, bei dem sich Farbe und Kontur vom Bildgegenstand lösen und zunehmend an Autonomie gewinnen. Eine klare statische Konstruktion ersetzt nun die einstmals spontane emotionale Niederschrift des unmittelbaren Augeneindrucks.

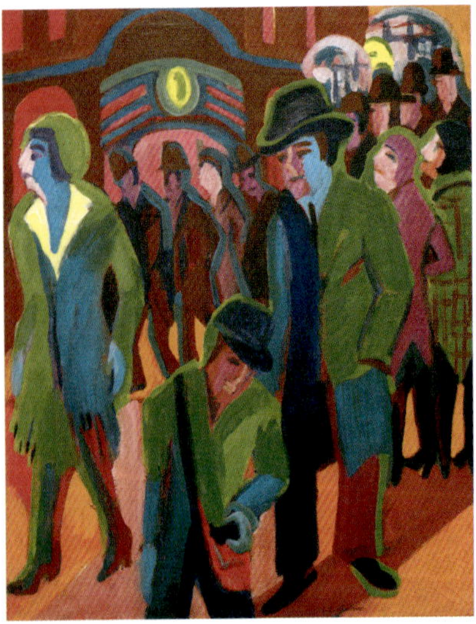

Straße mit Passanten bei Nachtbeleuchtung, 1926/27, Öl auf Leinwand, 90,3 × 70,4 cm

Urbane Darstellungen bilden auch hier den Auftakt und setzen noch einmal die Bühne der Großstadt in Szene, vorwiegend in der Dämmerung und bei Nacht, mit eilenden Passanten im Regen oder der Prostituierten im Dschungel von Leuchtreklamen, Schaufenstern, Straßenbahnen und Flaneuren im Zusammenspiel zahlreicher über die Leinwand verteilter Einzelmotive. Ähnlich wie Pablo Picasso, dessen Werke Kirchner auf der *Internationalen Kunstausstellung* in Zürich gesehen und als „eigenartigste und beste" Leistung empfunden hat, vereint er häufig Profil- und En-Face-Darstellung, arbeitet mit Überblendungen und bringt unterschiedliche Ansichten eines Motivs in Synthese. So auch in einem der bedeutenden Werke der späten Jahre, der *Reiterin* von 1931/32, der Rundumansicht einer weiblichen Figur mit Pferd in repräsentativem Format. Das Gemälde bringt die ornamentale Stilisie-

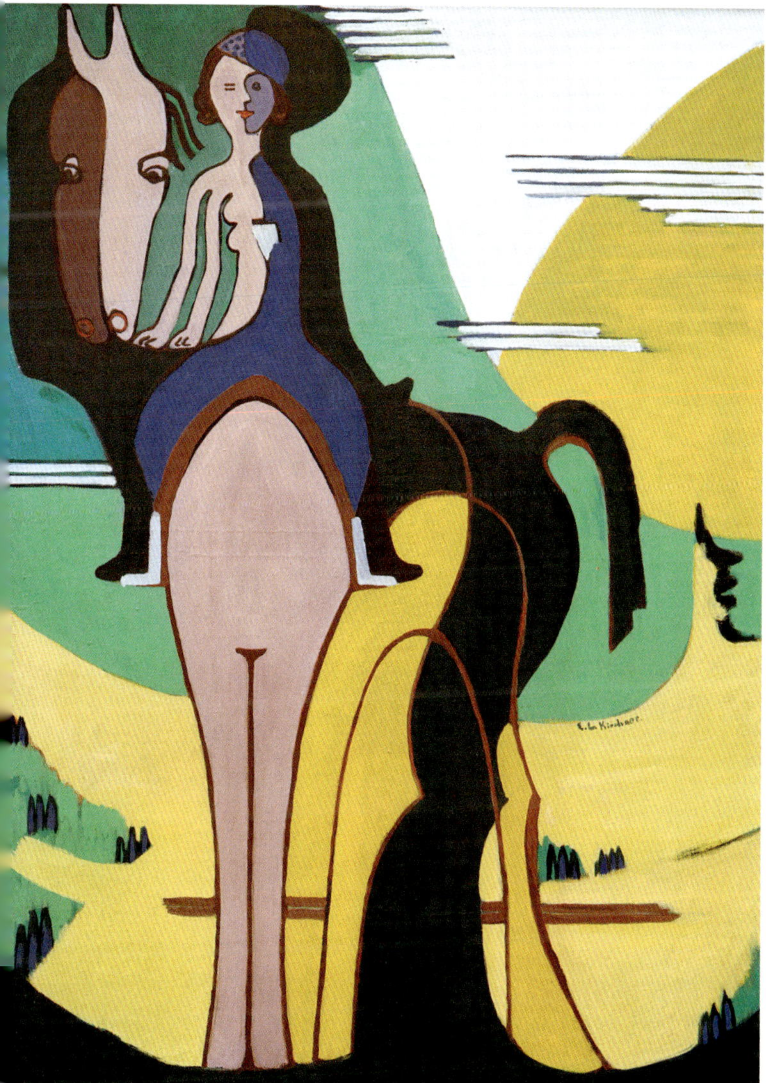

Reiterin, 1931/32, Öl auf Leinwand, 200 × 150 cm

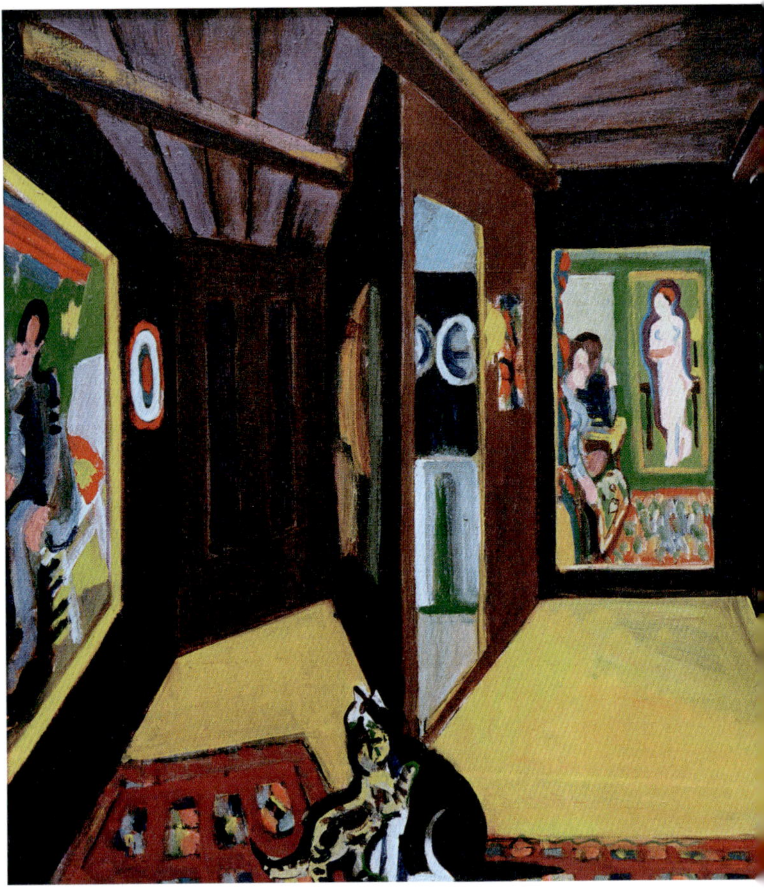

Bergatelier, 1937, Öl auf Leinwand, 90 × 120 cm

rung zu einem Höhepunkt: Mit Vorder-, Rücken- und Seitenansicht sowie dunklen Schatten, die als selbstständige Flächen aus dem Körper heraustreten, wird die tänzelnde Bewegung des Pferdes erfasst, greifen Mehrfachperspektiven simultan ineinander und gehen in einer einheitlichen Gesamtfiguration auf. Die Loslösung von der äußeren Realität ist gelungen, die Nähe der malerischen Haltung zu Picasso unübersehbar.

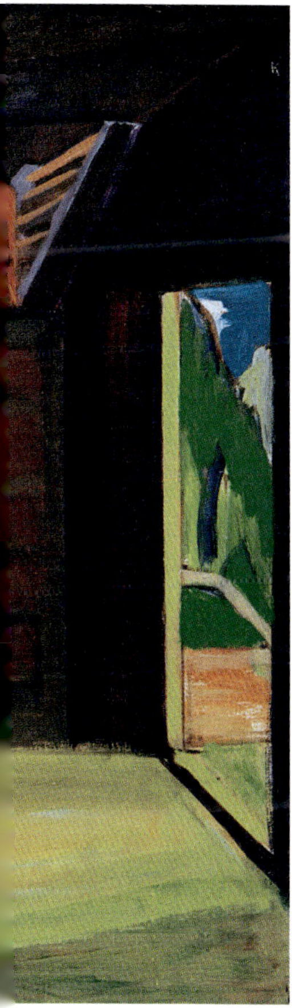

Es muss schön und leicht sein, im Herbst zu sterben.

Ernst Ludwig Kirchner
in einem Brief an
Carl Hagemann,
15. Oktober 1930

DEPRESSION

Diese künstlerische Entwicklung setzt sich bis 1933/34 fort, bevor der Künstler in den letzten Lebensjahren wieder auf eine expressivere Handschrift und den Motivkanon der Berge zurückgreift. Es entstehen nur noch wenige Bilder, und das *Bergatelier* des Jahres 1937 mit seinen zahlreichen Anspielungen auf Kirchners Lebensstationen und Werkphasen liest sich aus der Rückschau wie ein Resümee der letzten 20 Schaffensjahre, wie eine Bestandsaufnahme im Zeichen düsterer Vorahnungen.

Schon seit den ausgehenden 1920er-Jahren ist die Atmosphäre im Hause Kirchner erneut von Verzagtheit und Schwermut geprägt. Diesmal ist es Erna Kirchner, die anhaltenden Anlass zur Sorge gibt. Sie ist des zurückgezogenen Lebens inmitten der Einöde in einem kalten, primitiven Bauernhaus überdrüssig, klagt über Einsamkeit und Heimweh, leidet unter nervösen Krisen und besorgniserregenden Gesundheitszuständen. Was Kirchner am Anfang noch als „Hypochondrie“ bezeichnet, entwickelt sich zu einer tiefen, ernst zu nehmenden

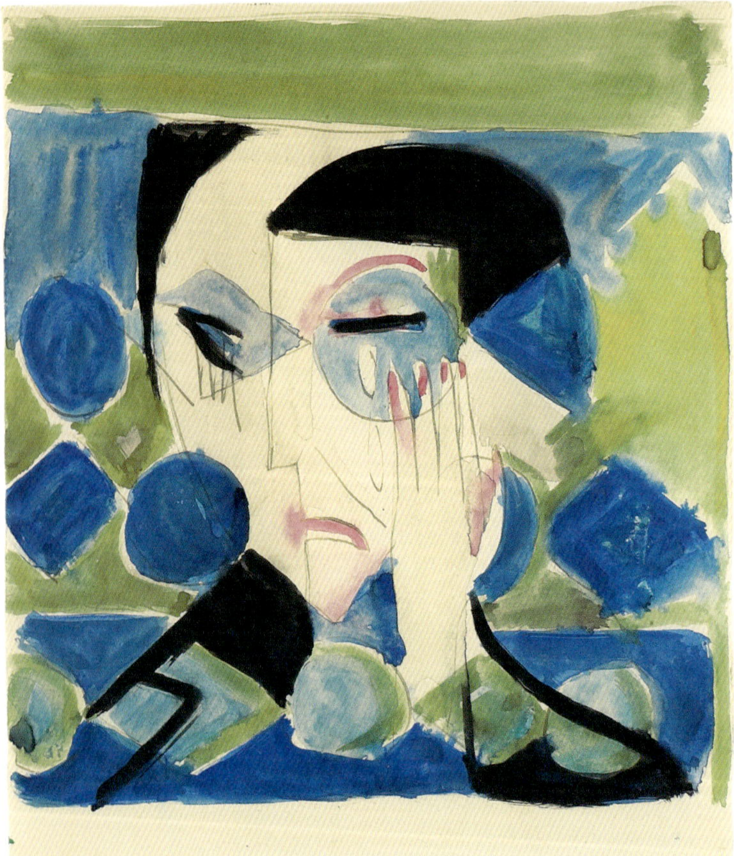

Frauenkopf, Erna, um 1930, Aquarell auf dünnem Karton, 27,9 × 24,2 cm

Depression, bei der sie kaum mehr das Bett verlässt und sich unter ständigem Weinen mit Todesgedanken quält.

Kirchner unterstützt sie zunächst noch nach Kräften, zeigt sich empathisch und räumt Fehler in seinem Verhalten ein. Der Tatsache jedoch, dass seine Lebensgefährtin nach vielen zermürbenden Kämpfen ihr Leben vollständig in den Dienst

> Die Ausstellung ist die schönste geworden, die ich bisher selbst hängen konnte [...].
>
> Ernst Ludwig Kirchner an Carl Hagemann, 7. März 1933

des seinen gestellt hat, eigene Interessen aufgegeben und seiner Forderung nach uneingeschränkter Solidarität Folge geleistet hat, schenkt er keine Beachtung. „Wenn ich wüsste, dass Erna wirklich durch das Leben in Deutschland wieder auf die Beine käme", schreibt er 1932 an Carl Hagemann, „würde ich ihr in Berlin ein Zimmer mieten und sie dort leben lassen. Schliesslich hat sie es sich durch diese 20 Jahre verdient, mit etwas Freude am Leben den Rest des ihren zu verbringen und nicht jeden Morgen mit dem Wunsch aufzustehen, zu sterben. Es ist sehr traurig jetzt auf dem Wildboden, denn an mir zehrt dieser Zustand ja auch [...]." Das gemeinsame Leben zu ändern, zieht er nicht in Erwägung.

EINE TRAGÖDIE IM STILLEN

Das angespannte, gedrückte Privatleben wird überschattet und verstärkt durch die bedrohlichen politischen Entwicklungen in Deutschland. Die Machtübernahme der Nationalsozialisten im April 1933 bleibt auch für Kirchner im fernen Davos nicht folgenlos. Mit der Entlassung von Ernst Gosebruch, dem Direktor des Museums Folkwang in Essen, wird die Hoffnung auf die bereits 1927 beauftragte Ausgestaltung des dortigen Festsaals zerstört, an der er bereits mehrere Jahre intensiv gearbeitet hat. Der Künstler kommentiert sorgenvoll: „Ich bin ein wenig müde und traurig über die Verhältnisse drüben. Es liegt Krieg in der Luft. In den Museen wird jetzt die mühsam errungene Kultur der letzten 20 Jahre vernichtet." Noch weiß Kirchner nicht, wie sehr er Recht behalten soll. 1936 erfährt man von der Auflösung des **Deutschen Künstlerbundes***,

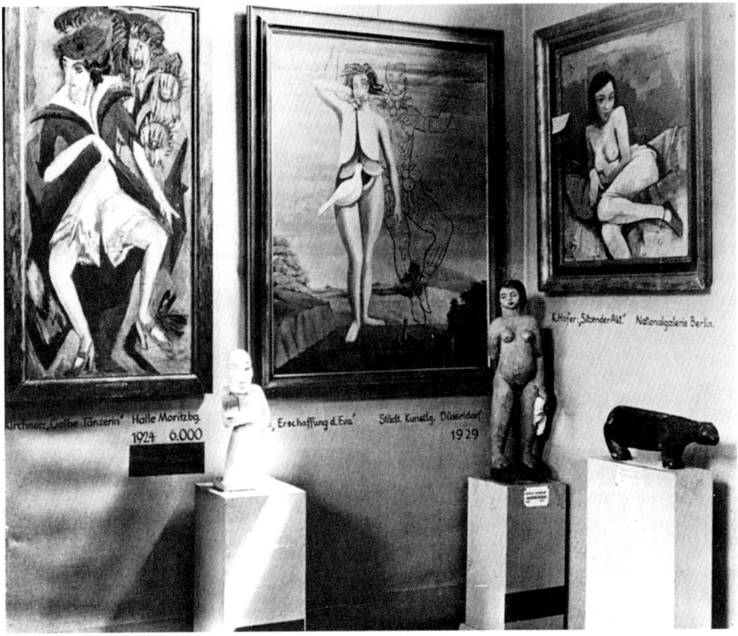

Blick in die Ausstellung *Entartete Kunst* im Galeriegebäude am Münchener Hofgarten, links Ernst Ludwig Kirchners Gemälde **Frau mit gehobenem Rock**, 1937

1937 wird er aus der Preußischen Akademie ausgeschlossen, in Königstein werden seine Fresken zerstört und schließlich 639 seiner Werke aus den Museen entfernt, 32 davon prominent in der legendären Nazi-Schau *Entartete Kunst* diffamiert.

Vor diesem Hintergrund vermögen auch öffentliche Erfolge wie Einzelausstellungen seines Werks in der Kunsthalle Bern 1933 sowie im Detroit Institute of Arts und der Galerie Buchholz in New York 1937 kaum mehr nachhaltigen Trost und Aufmunterung zu verschaffen. Als im März 1938 der Anschluss Österreichs an das Dritte Reich erfolgt, fürchtet der Künstler, die deutsche Wehrmacht könne auch in die Schweiz einmarschieren. Die melancholisch-resignative Stimmung der

Ich bin durch die deutschen Ereignisse tief erschüttert und doch bin ich stolz darauf, dass die braunen Bilderstürmer auch meine Werke verfolgen und vernichten. Ich würde es als Schmach empfinden, von Ihnen geduldet zu werden.

Ernst Ludwig Kirchner an seinen Bruder Ulrich, 13. Februar 1938

letzten Jahre weicht nun einer blanken, nahezu unerträglichen Panik. Wochenlang verlässt Kirchner das Haus nicht, verbringt schlaflose Nächte, steigert sich in Wahnvorstellungen hinein und vernichtet schließlich in seiner scheinbar ausweglosen Lage verzweifelt Skulpturen, Holzstöcke und Zeichnungen. Aufgrund einer schmerzhaften Magen-Darm-Krankheit kommt es wieder zur Einnahme von Morphium, die Ampullen vergräbt er hinter dem Haus.

Im Mai 1938 scheint Kirchner sich doch zu einer Eheschließung durchzuringen und bestellt das Aufgebot, zieht es aber am 12. Juni wieder zurück. Offenbar versucht er in der Nacht vom 14. auf den 15. Juni vergeblich, seine Lebensgefährtin zum gemeinsamen Freitod zu überreden. Was dann folgt, ist durch die 16-jährige Nachbarstochter Barbara Rüesch überliefert, die zur unfreiwilligen Zeugin des Geschehens wird, als Erna Kirchner das Telefon der Familie benutzt. „Sie [Erna Kirchner] wollte den Arzt vom Sanatorium Turban sprechen und musste sehr lange warten, da er auf Visite war. Auf einmal, ohne anzuklopfen, was sonst nie der Fall war, kam Herr Kirchner ohne Gruss in die Küche und fragte: ‚Wie spät ist es?' Ich antwortete 10 Minuten vor 10. Er war sehr erregt und trug hohe Schuhe mit Wadenbinden. Ich hatte ihn noch nie so gesehen. Ohne etwas weiteres machte er die Türe wieder zu. Herr Kirchner und seine Frau sprachen im Korridor sehr laut miteinander, was sonst auch nicht seine Art war. Es war einfach etwas aussergewöhnliches, das spürte ich, horchte aber nicht, weil es mir zu peinlich war. Als dann Frau Kirchner nur noch weinend sprechen konnte, passte ich doch ein wenig auf und hörte wie er immer wieder sagte ‚Es ist zu spät, es hat keinen Zweck, es ist zu spät, in 10 Minuten bist Du wieder

Fräulein Schilling.' Dann schlug er die Haustür zu und Frau Kirchner öffnete die Küchentür, und sagte: ,Gehe Herrn Kirchner nach, ich muss immer noch warten, wo ist denn nur dieser Herr Doktor?' Als ich zur Haustüre hinauskam begegnete ich dem Postboten, Herrn Tanner [...] Bevor ich die Post in Händen hatte hörten wir einen Schuss. Zuerst, ganz erstaunt, was geschehen sei, drehte ich mich zu Frau Kirchner. Sie hatte es ebenfalls gehört. Dann nochmals ein Schuss. Zum Glück war der Postbote bei uns. Welch ein Anblick bot sich uns um die Hausecke unter dem Garten. Ich kann es nie mehr vergessen. Das Blut quoll fast schwarz durch die Kleider. Herr Tanner und ich stützten Frau Kirchner und brachten sie in die Stube. [...] Frau Kirchner sass auf dem Divan und weinte und weinte [...]."

Es heißt, eine Landschaft mit Schafherde und Bauernhaus vor den verschneiten Davoser Bergen habe noch unvollendet auf der Staffelei gestanden. Auf dem Davoser Waldfriedhof findet der Künstler seine letzte Heimatstatt. Seine Lebensgefährtin – von den umsichtigen Davoser Behörden als „Frau Erna Kirchner", „verwitwet", anerkannt – widmet sich bis zu ihrem Tod 1945 der Bewahrung und Pflege seines Nachlasses. Ernst Ludwig Kirchner hinterlässt ein avantgardistisches und facettenreiches Werk – Zeugnis seines bewegten, intensiven und kompromisslosen Lebens –, welches den Expressionismus in seiner Entwicklung, seinen Themen und künstlerischen Anliegen auf das Eindrucksvollste dokumentiert.

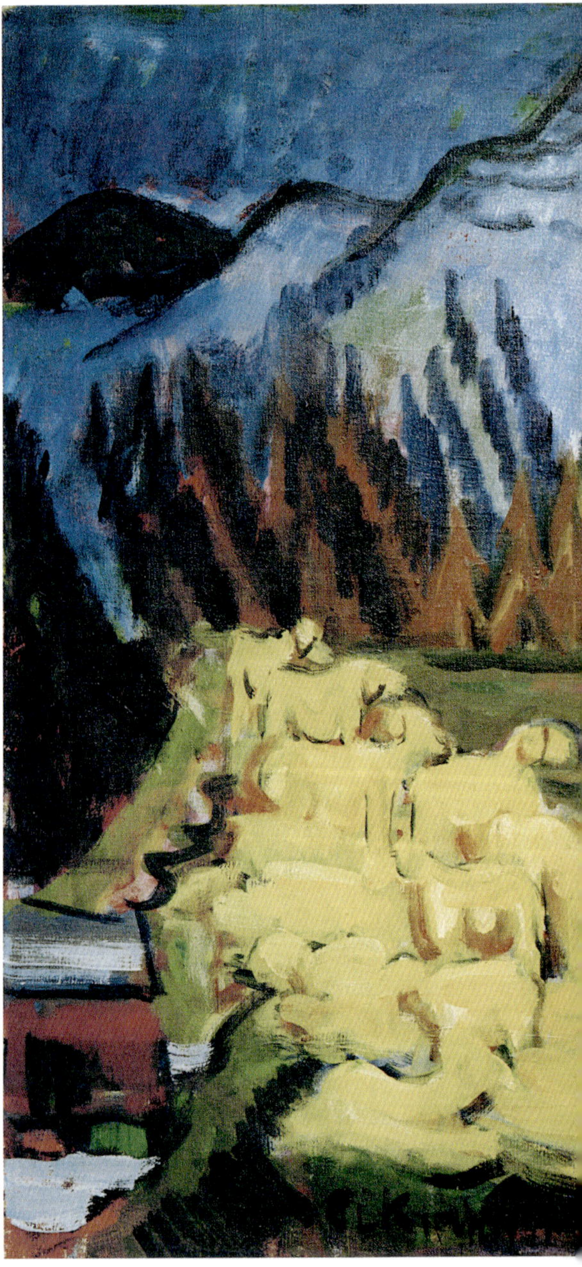

Schafherde, 1938,
Öl auf Leinwand,
101 × 120 cm

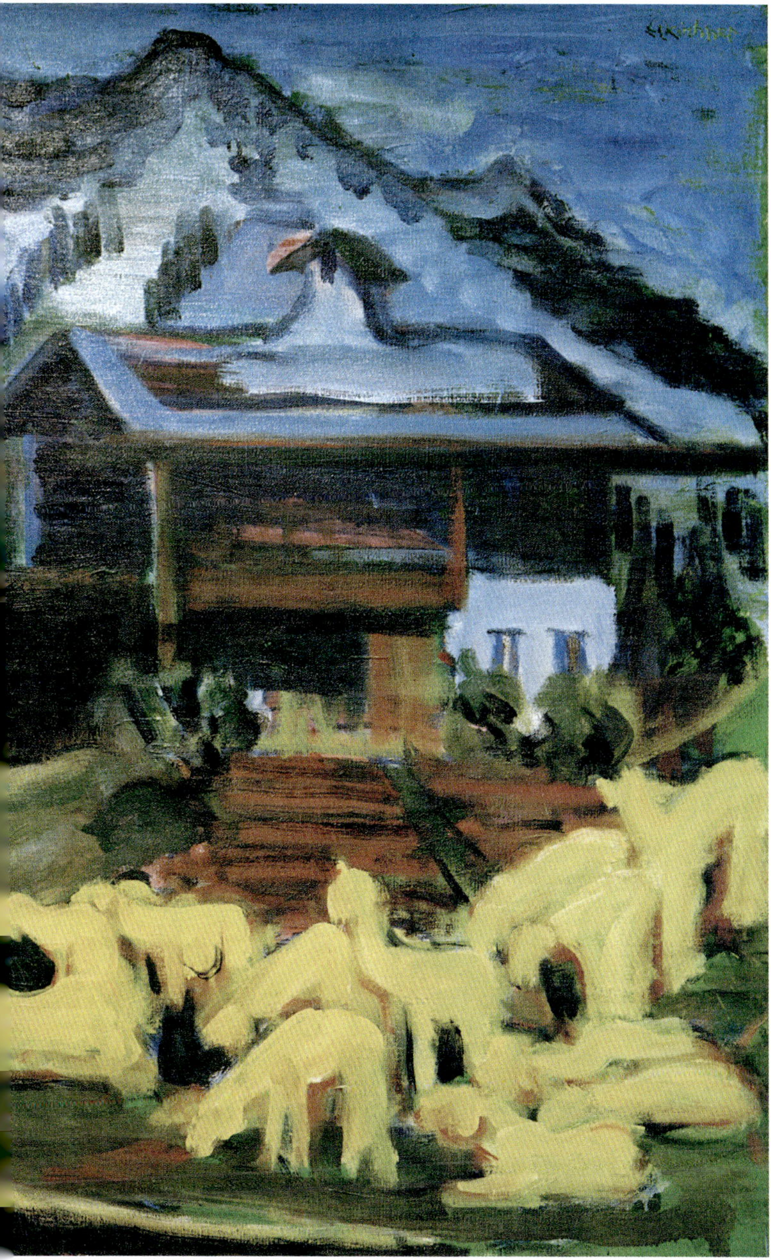

* **BERLINER SECESSION** *und* **NEUE SECESSION** *Der Begriff Secession (vom lat. secessio = Abspaltung) bezeichnet zahlreiche Künstlervereinigungen des ausgehenden 19. Jahrhunderts, die sich als Gegenbewegungen zum herrschenden akademischen Kunstbetrieb verstanden. Die Berliner Secession wurde am 2. Mai 1898 unter dem Vorsitz von Max Liebermann ins Leben gerufen. Als zahlreiche expressionistische Künstler innerhalb der Secession abgewiesen wurden, bildete sich wiederum als Gegenbewegung die Neue Secession.*

---

* **DIVISIONISMUS** *Als Divisionismus bezeichnet man ein Stilprinzip der neoimpressionistischen Malerei (siehe auch Neoimpressionismus), welches auf einer Zerlegung der Farben in rasterartig aufgetragene Tupfen oder Pinselstriche basiert. Zerlegt in Grund- und Komplementärfarben, setzt sich der tatsächliche Farbwert erst im Auge des Betrachters zusammen.*

---

* **DEUTSCHER KÜNSTLERBUND** *Der Deutsche Künstlerbund, ein Zusammenschluss von Künstlern, Kritikern und Kunstfreunden, bildete sich 1903 unter Führung von Max Liebermann als Gegenorganisation zu der 1856 gegründeten Allgemeinen Deutschen Kunstgenossenschaft. Er bestand bis 1936 und hatte zum Ziel, entgegen der konservativen Haltung des staatlichen Kunstbetriebs moderne Strömungen wie Impressionismus, Symbolismus und Jugendstil zu fördern. 1950 wurde der Deutsche Künstlerbund wieder gegründet.*

---

* **FUTURISMUS** *Der Futurismus war eine von Italien ausgehende avantgardistische Bewegung, die einen Bruch mit den Traditionen forderte. Der Dichter Filippo Tommaso Marinetti veröffentlichte ihr Manifest 1909. Die Verherrlichung von Geschwindigkeit und*

moderner Technologie fand in der Malerei durch stakkatohaft wiederholte Motive ihren adäquaten Ausdruck. Die Hauptvertreter sind neben Marinetti Giacomo Balla, Umberto Boccioni, Carlo Carrà, Luigi Russolo und Gino Severini.

KONTRAPOST *Der Kontrapost (vom ital. contrapposto = Gegensatz, Gegenstück) ist ein Gestaltungsmittel der Bildhauerei. Er bezeichnet die Haltung einer menschlichen Figur mit Stand- und Spielbein zum Ausgleich der Gewichtsverhältnisse.*

NEOIMPRESSIONISMUS *Der Begriff Neoimpressionismus, geprägt 1886 von dem Kritiker Félix Fénéon, bezeichnet eine Stilrichtung in der Malerei des ausgehenden 19. Jahrhunderts. Die Neoimpressionisten lehnten es im Gegensatz zu den Impressionisten ab, die vergängliche Wirklichkeit wiederzugeben. Ihre Malweise basiert auf einer divisionistischen Zerlegung der Farbe im Bild (siehe auch Divisionismus), die in reinen Farben mit kurzen Pinselstrichen nebeneinandergesetzt wird. Die bedeutendsten Vertreter sind George Seurat, Camille Pissarro und Paul Signac. Als Synonym wurde von den Neoimpressionisten auch der Begriff Pointillismus verwendet.*

DER STURM *1910 rief der Verleger, Schriftsteller, Musiker und Komponist Herwarth Walden (1878–1941) die Zeitschrift* Der Sturm *ins Leben. 1912 gründete er darüber hinaus eine Galerie mit gleichem Namen, die zu einem Zentrum der internationalen künstlerischen Avantgarde in Deutschland wurde.*

VEDUTE *Unter Vedute (vom ital. veduta = Ansicht, Aussicht) versteht man ursprünglich die topografisch präzise, wirklichkeitsgetreue Darstellung einer Stadt oder Landschaft.*

Ausgewählte Literatur

Delfs, Hans (Hrsg.): *Ernst Ludwig Kirchner. Der gesamte Briefwechsel*, 4 Bde. Zürich 2010

Dube, Annemarie und Wolf-Dieter: *E. L. Kirchner. Das graphische Werk*, 2 Bde., München 1991

Gercken, Günther: *Ernst Ludwig Kirchner 1880–1938. Lithographien. Neue Erkenntnisse. Verzeichnis der von 1907 bis 1937 verwendeten Steine*, zugleich Ausst.-Kat. Galerie Kornfeld, Bern, Bern 2007

Gercken, Günther: *Ernst Ludwig Kirchner. Kritisches Werkverzeichnis der Druckgraphik* [1904–1919], 4 Bde., Bern 2013 und 2015

Gordon, Donald E.: *Ernst Ludwig Kirchner. Mit einem kritischen Katalog sämtlicher Gemälde*, München 1968

Grisebach, Lothar (Hrsg.): *Ernst Ludwig Kirchners Davoser Tagebuch. Eine Darstellung des Malers und eine Sammlung seiner Schriften*, Neuaufl. Ostfildern-Ruit 1997

Henze, Wolfgang: *Die Plastik Ernst Ludwig Kirchners. Monographie mit Werkverzeichnis*, Wichtrach/Bern 2002

Hoffmann, Meike: *Leben und Schaffen der Künstlergruppe „Brücke" 1905 bis 1913. Mit einem kommentierten Werkverzeichnis der Geschäfts- und Ausstellungsgrafik*, Berlin 2005

Kornfeld, Eberhard W.: *Ernst Ludwig Kirchner. Nachzeichnung seines Lebens*, zugleich Ausst.-Kat. Kunstmuseum Basel, Bern 1979

Kornfeld, Eberhard W. u.a.: *Textilarbeiten nach Entwürfen von E. L. Kirchner der Davoser Jahre. Werkverzeichnis*, Bern 1999

Presler, Gerd: *Ernst Ludwig Kirchner. Die Skizzenbücher. „Ekstase des ersten Sehens". Monographie und Werkverzeichnis*, hrsg. von Jürgen Döhmann und Gerd Presler, Karlsruhe, Davos 1996

Stutzer, Beat (Hrsg.): *Bildteppiche von Ernst Ludwig Kirchner und Lise Gujer. Ein Werkkatalog der Entwürfe*, zugleich Ausst.-Kat. Bündner Kunstmuseum Chur, Zürich 2009

Eigentümer der abgebildeten Werke

Cover, S. 26/27: Gemeentemuseum Den Haag

Frontispiz, S. 17, 22, 25 rechts, 38, 90/91: Brücke-Museum, Berlin

S. 7, 41: Staatliche Museen zu Berlin, Nationalgalerie

S. 15: Kunstsammlungen Chemnitz

S. 18: Graphische Sammlung, Museumslandschaft Hessen Kassel

S. 19: Schlossmuseum der Stiftung Weimarer Klassik und Kunstsammlungen, Graphische Sammlung

S. 21, 30, 68: Städel Museum, Frankfurt am Main

S. 25 links: Staatliche Kunstsammlungen Dresden, Kupferstich-Kabinett

S. 32/33, hinterer Vorsatz: Staatsgalerie Moderner Kunst München

S. 35: Sammlung Hermann Gerlinger, Kunstmuseum Moritzburg Halle (Saale)

S. 39: Sprengel Museum, Hannover

S. 43: Stiftung Stadtmuseum Berlin

S. 46: Sammlung Henri Nannen, Kunsthalle Emden

S. 47: National Gallery of Art, Washington

S. 49: The Museum of Modern Art, New York

S. 53: Karl und Emy Schmidt-Rottluff Stiftung, Brücke-Museum, Berlin

S. 56: Allen Memorial Art Museum, Oberlin College, Ohio

S. 58: Graphische Sammlung, Städel Museum, Frankfurt am Main

S. 61: Museum Folkwang, Essen

S. 63 beide: Privatbesitz

S. 76/77: Minneapolis Institute of Arts

S. 78: Städel Museum, Frankfurt am Main, Dauerleihgabe der SEB Bank

S. 80: Museum Frieder Burda, Baden-Baden

S. 81, 82/83: Kirchner Museum Davos

S. 84: Saarlandmuseum, Stiftung Saarländischer Kulturbesitz, Saarbrücken

Konzeption der kleinen Reihe
Martina Padberg

Verlagslektorat
Petra Leineweber

Verlagsredaktion
Rosa Baumgartner

Satz und Gestaltung
Cornelia Elsner, Christian Padberg

Gesamtherstellung
Wienand Verlag

Printed in Germany

Erschienen im
Wienand Verlag
www.wienand-verlag.de
Weyertal 59, 50937 Köln

ISBN 978-3-86832-389-4

Umschlagabbildungen
Einband: Ernst Ludwig Kirchner *Zwei Akte auf blauem Sofa*, 1910/20 (Detail); Vorsatz: *Badende*, 1911 (Detail); Hinterer Vorsatz: *Spielende nackte Menschen unter Baum*, 1910 (Detail)

Bibliografische Information der Deutschen Nationalbibliothek

Die Deutsche Nationalbibliothek verzeichnet diese Publikation in der Deutschen Nationalbibliografie; detaillierte bibliografische Daten sind im Internet über http://dnb.de abrufbar.

Foto- und Bildnachweis
akg-images: Cover, Vorsatz, S. 11, 17, 19, 21, 22, 25 links, 26/27, 30, 35, 38, 39, 41, 43, 46, 49, 53, 56, 61, 63 beide, 76/77, 78, 80, 81, 82/83, 90/91; akg-images/André Held: S. 7; akg-images/Niklaus Stauss: S. 75; Bildarchiv Saarlandmuseum/Foto: Ebersold – Rechte vorbehalten: S. 84; bpk/Kunstsammlungen Chemnitz/László Tóth: S. 15; bpk/Zentralarchiv, SMB: S. 86; Ernst Ludwig Kirchner Archiv, Galerie Henze & Ketterer: S. 28, 40 beide, 47, 51, 62, 64, 73; Heritage Images/Fine Art Images/akg-images: S. 5; mauritius images/Art Collection 4/Alamy: S. 67; mauritius images/Paul Fearn/Alamy: S. 24, 25 rechts, 54, 66, 74/75; Museumslandschaft Hessen Kassel/Ute Brunzel/Bridgeman Images: S. 18; Private Collection/Bridgeman Images: S. 32/33, hinterer Vorsatz; Private Collection/The Stapleton Collection/Bridgeman Images: S. 71; Rheinisches Bildarchiv: S. 36, 37; Städel Museum – ARTOTHEK: S. 68; Städel Museum – U. Edelmann – ARTOTHEK: S. 58

WIENANDS
KLEINE REIHE
DER KÜNSTLER-
BIOGRAFIEN

96 Seiten
12,95 €

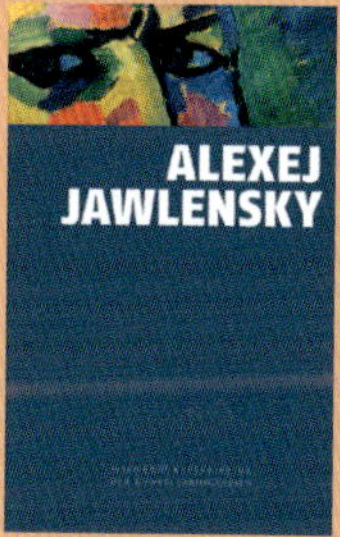

978-3-86832-286-6

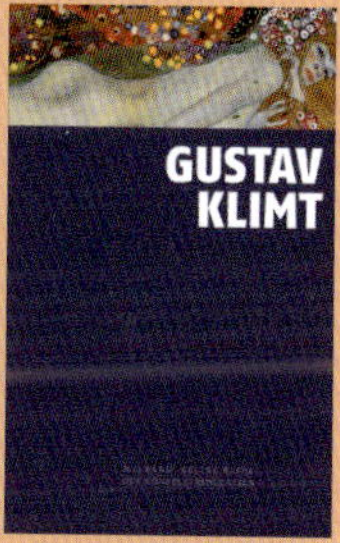

978-3-86832-387-0

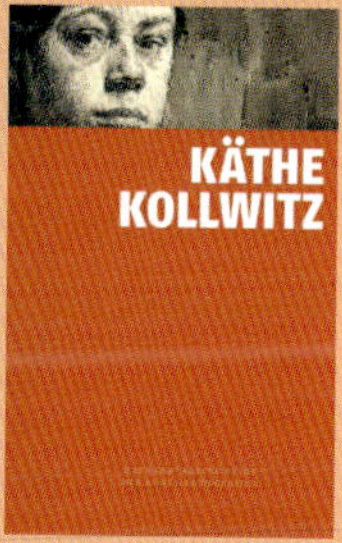

978-3-86832-285-9

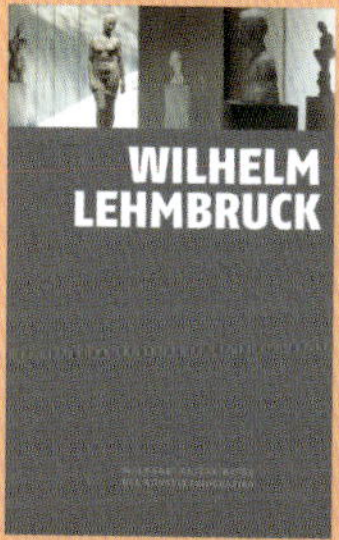

978-3-86832-388-7

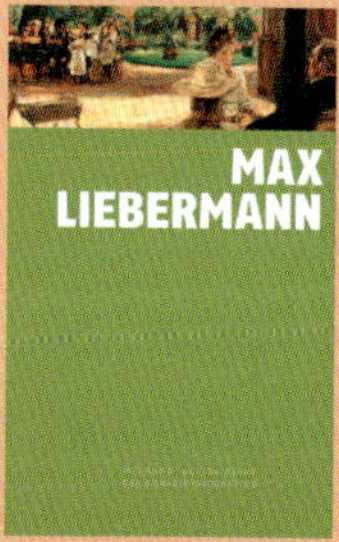

978-3-86832-373-3

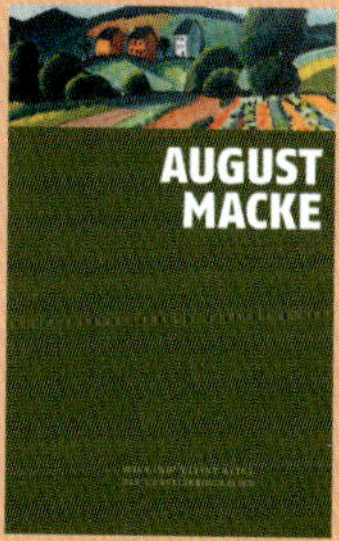

978-3-86832-208-8

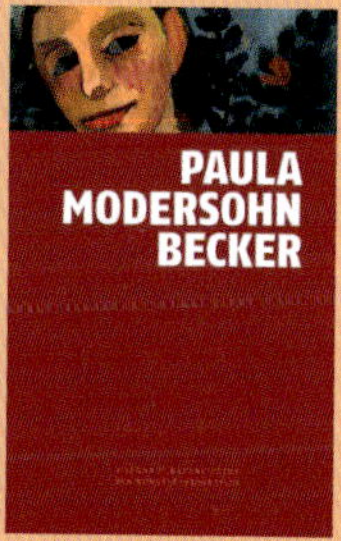

978-3-86832-210-1

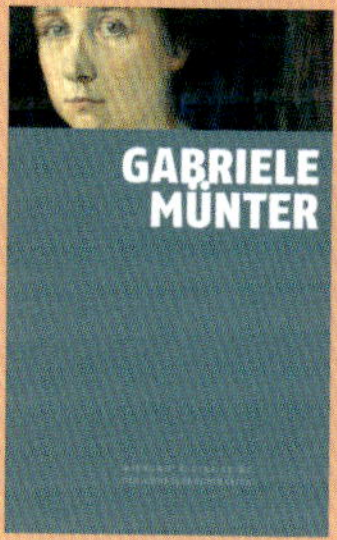

978-3-86832-372-6

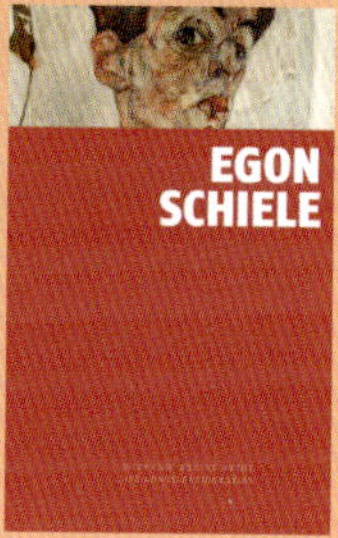

978-3-86832-374-0

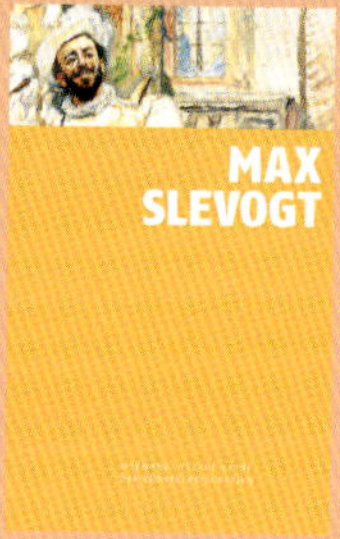

978-3-86832-442-6

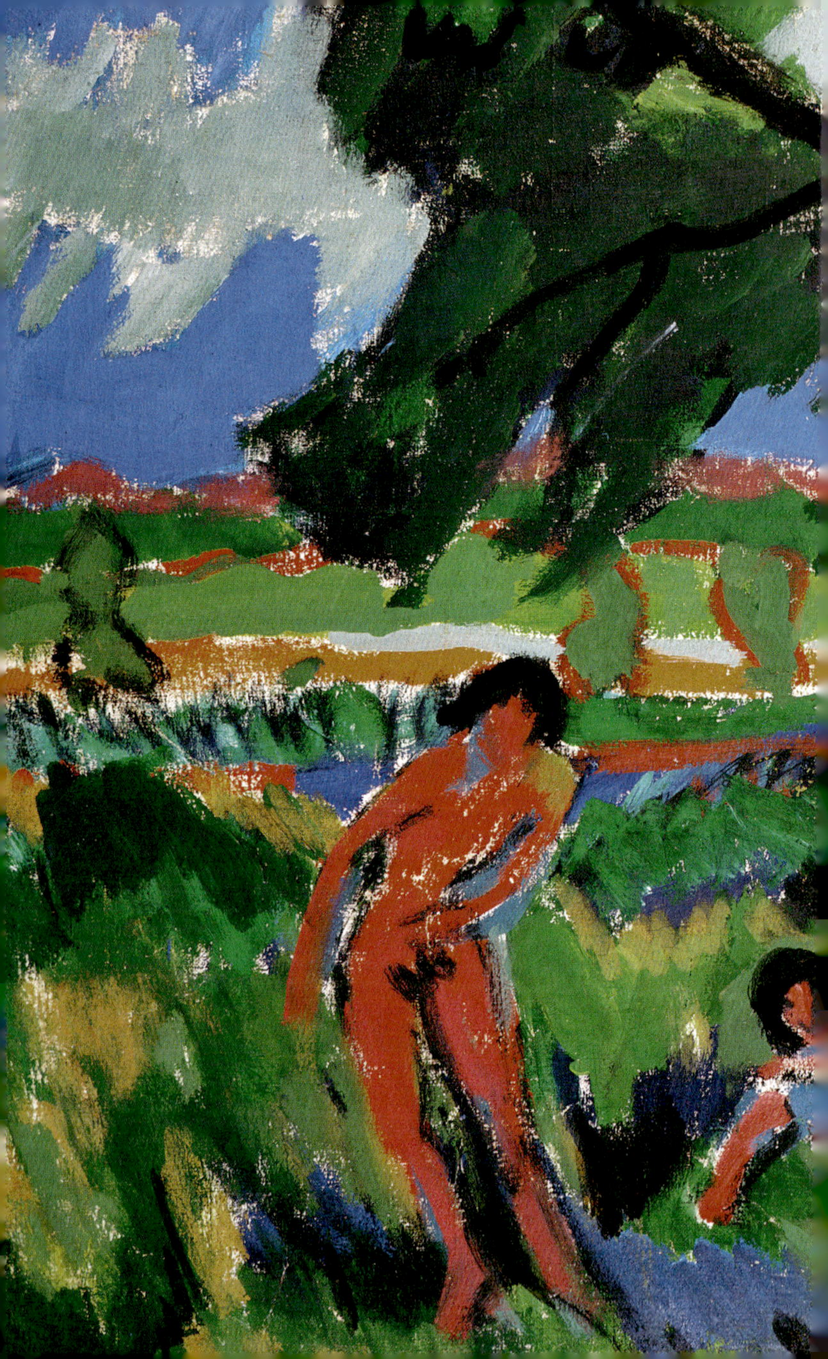